Langenscheidts Praktische Grammatik Italienisch

von
Maria Antonia Esposito

und
Wolfgang Ressler

LANGENSCHEIDT
BERLIN · MÜNCHEN · WIEN · ZÜRICH · NEW YORK

Redaktion: Silvana Brusati

Ergänzende Hinweise, für die wir jederzeit dankbar sind, bitten wir zu richten an:
Langenscheidt Verlag, Postfach 40 11 20, 80711 München

| Auflage: | 8. | 7. | 6. | 5. | 4. | Letzte Zahlen |
| Jahr: | 2005 | 04 | 03 | 02 | 01 | maßgeblich |

© 1997 Langenscheidt KG, Berlin und München
Druck: Druckhaus Langenscheidt, Berlin-Schöneberg
Printed in Germany – ISBN 3-468-**34934**-3

Inhaltsverzeichnis

Kapitel   Seite

1 Alphabet, Aussprache, Rechtschreibung 11

1.1	Das italienische Alphabet	11
1.2	Aussprache der Vokale	11
1.3	Aussprache der Konsonanten	12
1.4	Rechtschreibung	13

2 Genus der Substantive 16

2.1	Genus und Endungen der Substantive	16
2.2	Genus bei Sachbezeichnungen, Abstrakta	17
2.2.1	Maskuline Substantive	17
2.2.2	Feminine Substantive	18

3 Plural der Substantive 19

3.1	Plural der Substantive auf -o	19
3.2	Plural der Substantive auf -a	19
3.3	Plural der Substantive auf -e	20
3.4	Unveränderliche Substantive	20
3.5	Besonderheiten in der Pluralbildung	21
3.6	Plural der zusammengesetzten Substantive	22

4 Bestimmter Artikel 23

4.1	Formen des bestimmten Artikels	23
4.2	Gebrauch des bestimmten Artikels	24
4.3	Besonderheiten im Gebrauch des bestimmten Artikels	24
4.4	Präposition und bestimmter Artikel	25

5 Unbestimmter Artikel 26

5.1	Formen des unbestimmten Artikels	26
5.2	Gebrauch des unbestimmten Artikels	27
5.3	Der Teilungsartikel	27

6 Personalpronomen 28

6.1	Subjektpronomen	28
6.1.1	Formen	28

6.1.2	Gebrauch	28
6.2	Unbetonte Objektpronomen	29
6.2.1	Dativpronomen – Formen	29
6.2.2	Gebrauch der Dativpronomen	29
6.2.3	Akkusativpronomen – Formen	29
6.2.4	Gebrauch der Akkusativpronomen	30
6.2.5	Reflexivpronomen – Formen	30
6.3	Pronominaladverbien (*ci* und *ne*)	31
6.4	Kombination unbetonter Personalpronomen	32
6.5	Stellung unbetonter Objektpronomen und Pronominaladverbien im Satz	33
6.6	Betonte Objektpronomen	34
6.6.1	Formen	34
6.6.2	Gebrauch	35

7 Demonstrativpronomen 36

7.1	Formen	36
7.2	Gebrauch	37

8 Possessivpronomen 39

8.1	Formen	39
8.2	Gebrauch	39

9 Indefinitpronomen 41

9.1	Formen	41
9.2	Gebrauch	41

10 Interrogativpronomen 43

10.1	Formen	43
10.2	Gebrauch	43

11 Relativpronomen 45

11.1	Formen	45
11.2	Gebrauch	45

12 Zahlen, Zahlwörter, Uhrzeit 47

12.1	Bildung der Grundzahlen	47
12.2	Gebrauch der Grundzahlen	48
12.3	Bildung der Ordnungszahlen	49

| 12.4 | Gebrauch der Ordnungszahlen | 50 |
| 12.5 | Weitere Zahlwörter | 50 |

13 Adjektiv ... 51

13.1	Formen	51
13.2	Unveränderliche Adjektive	52
13.3	Angleichung der Adjektive	52
13.4	Stellung der Adjektive im Satz	53
13.5	Steigerung der Adjektive	54

14 Adverb ... 56

14.1	Bildung der Adverbien	56
14.2	Funktion und Anwendung von Adverbien	57
14.3	Stellung der Adverbien	57
14.4	Steigerung der Adverbien	58

15 Verb: Allgemeines ... 59

15.1	Verbarten	59
15.2	Konjugationen	60
15.3	Zeitformen des Verbs	61
15.4	Modi des Verbs	61
15.5	Zustandsformen des Verbs	61

16 Präsens ... 62

| 16.1 | Bildung des Präsens | 62 |
| 16.2 | Gebrauch des Präsens | 65 |

17 Imperfekt ... 66

| 17.1 | Bildung des Imperfekts | 66 |
| 17.2 | Gebrauch des Imperfekts | 67 |

18 Perfekt ... 69

| 18.1 | Bildung des Perfekts | 69 |
| 18.2 | Gebrauch des Perfekts | 71 |

19 Historisches Perfekt (*passato remoto*) ... 72

| 19.1 | Bildung des *passato remoto* | 72 |
| 19.2 | Gebrauch des *passato remoto* | 74 |

20 Plusquamperfekt (*trapassato prossimo e trapassato remoto*) 75

20.1	Bildung des *trapassato prossimo*	75
20.2	Gebrauch des *trapassato prossimo*	75
20.3	Bildung des *trapassato remoto*	76
20.4	Gebrauch des *trapassato remoto*	76

21 Futur I und II 77

21.1	Bildung des Futur I	77
21.2	Gebrauch des Futur I	79
21.3	Bildung des Futur II	80
21.4	Gebrauch des Futur II	80

22 Konditional I und II 81

22.1	Bildung des Konditional I	81
22.2	Gebrauch des Konditional I	83
22.3	Bildung des Konditional II	83
22.4	Gebrauch des Konditional II	84

23 Konjunktiv 85

23.1	Bildung des Konjunktivs	85
23.2	Gebrauch des Konjunktivs	88
23.3	Zeitenfolge in konjunktivischen Nebensätzen	90
23.4	Infinitiv statt Konjunktiv	92

24 Imperativ 93

24.1	Bildung des Imperativs	93
24.2	Gebrauch des Imperativs	94

25 Infinitiv 95

25.1	Bildung des Infinitiv Präsens	95
25.2	Gebrauch des Infinitiv Präsens	95
25.3	Bildung des Infinitiv Perfekt	96
25.4	Gebrauch des Infinitiv Perfekt	96
25.5	Besonderheiten	96

26 Gerundium ... 99

26.1 Bildung des *gerundio semplice* ... 99
26.2 Gebrauch des *gerundio semplice* ... 99
26.3 Bildung des *gerundio composto* ... 100
26.4 Gebrauch des *gerundio composto* ... 100

27 Partizip ... 101

27.1 Bildung des Partizip Präsens ... 101
27.2 Gebrauch des Partizip Präsens ... 101
27.3 Bildung des Partizip Perfekt ... 101
27.4 Gebrauch des Partizip Perfekt ... 103

28 Reflexive Verben ... 104

28.1 Bildung der reflexiven Verben ... 104
28.2 Veränderlichkeit des Partizips ... 105
28.3 Gebrauch der reflexiven Verben ... 105

29 Passiv ... 106

29.1 Bildung des Passivs ... 106
29.2 Gebrauch des Passivs ... 108

30 Unpersönliche Form *si* / Unpersönliche Verben ... 109

30.1 Die unpersönliche Form *si* ... 109
30.2 Weitere Wiedergabemöglichkeiten des deutschen *man* ... 110
30.3 Unpersönliche Verben ... 110

31 Bedingungssätze ... 112

31.1 Reale Hypothese ... 112
31.2 Mögliche Hypothese ... 112
31.3 Irreale Hypothese ... 113

32 Indirekte Rede ... 114

32.1 Einführungssatz: Gegenwart, Zukunft, unmittelbare Vergangenheit ... 114
32.2 Einführungssatz: Vergangenheit ... 115
32.3 Bedingungssätze ... 116
32.4 Indirekte Frage ... 117
32.5 Orts- und Zeitangaben, *questo* und *venire* ... 117

33 Präposition 119

33.1 Die wichtigsten Präpositionen auf einen Blick 119
33.2 Gebrauch der Präpositionen 120
33.2.1 *a* 120
33.2.2 *in* 121
33.2.3 *di* 122
33.2.4 *da* 122
33.2.5 *per* 123
33.2.6 *su* 124
33.2.7 *con* 124
33.2.8 *fa / entro* 125
33.2.9 *fra / tra* 125

34 Konjunktion 126

34.1 Beiordnende Konjunktionen 126
34.2 Unterordnende Konjunktionen 126

35 Satzteile und ihre Stellung im Satz 129

35.1 Aussagesatz 129
35.2 Stellung der adverbialen Bestimmung 130
35.3 Stellung der Satzglieder im Fragesatz 131

36 Verneinung 132

36.1 Gebrauch von *non* 132
36.2 Gebrauch von *no* 132
36.3 Die mehrteilige Verneinung 132
36.4 Besonderheiten 133

Verbtabellen 134

Regelmäßige Verben 134
Hilfsverben 138
Unregelmäßige Verben 140

Grammatische Fachausdrücke 151

Sachregister 154

1   Alphabet, Aussprache, Rechtschreibung

1.1   Das italienische Alphabet

a	**b**	**c**	**d**	**e**	**f**	**g**	**h**	**i**
(a)	*(bi)*	*(ci)*	*(di)*	*(e)*	*(effe)*	*(gi)*	*(acca)*	*(i)*

l	**m**	**n**	**o**	**p**	**q**	**r**	**s**	**t**
(elle)	*(emme)*	*(enne)*	*(o)*	*(pi)*	*(qu)*	*(erre)*	*(esse)*	*(ti)*

u	**v**	**z**
(u)	*(vu)*	*(zeta)*

Die Buchstaben **j** (*i lunga*), **k** (*kappa*), **w** (*doppia vu*), **x** (*ics*), **y** (*ipsilon*)
kommen nur in Fremdwörtern vor.

1.2   Aussprache der Vokale

a	offen wie im Wort *Gatte,* z. B. *la lana (die Wolle)*
e	in betonten Silben und Diphthongen offen, wie in *Zelle,* z. B. *bene (gut), ieri (gestern);* geschlossen, wenn es unbetont ist oder in der Endung *-mente,* wie in *Beratung,* z. B. *cortesemente (freund- lich), sperare (hoffen)*
i	in betonten und in offenen Silben gedehnt, ähnlich wie in *Wiege,* z. B. *l'isola (die Insel);* vor mehreren Konsonanten und in einsilbigen Wörtern kurz, wie in *Idee,* z. B. *la birra (das Bier);* vor und zwischen Vokalen wie *[j],* z. B. *il fioraio (der Blumen- händler)*
o	als betonter Endvokal und in Diphthongen offen wie in *Wolle,* z. B. *l'ora (die Stunde);* geschlossenere Aus- sprache, wenn es unbetont ist, ähnlich wie in *Sohn,* z. B. *la montagna (der Berg)*
u	wie im Wort *ruhig,* z. B. *l'uva (die Trauben)*

1 *Alphabet, Aussprache, Rechtschreibung*

Die Vokalkombinationen *ie* und *uo* werden auf dem zweiten Vokal betont, der offen auszusprechen ist, z. B. *ięri (gestern), l'uǫvo (das Ei)*.
In den Vokalkombinationen *au, ei* und *eu* behält jeder Bestandteil seinen Klangcharakter, z. B. *l'automobile (das Auto), europeo (europäisch)*.

1.3 Aussprache der Konsonanten

b, d	im Vergleich zum Deutschen stimmhaft ausgesprochen, z. B. *bere (trinken)*
f, l, m, n	ähnlich wie im Deutschen ausgesprochen, z. B. *fare (machen), lì (dort), il mare (das Meer), il naso (die Nase)*
p, t	im Gegensatz zum Deutschen nicht aspiriert, z. B. *il pane (das Brot), il tavolo (der Tisch)*
h	wird im Italienischen nicht gesprochen
c, g	wie das deutsche *k* bzw. *g*, wenn ein *h* oder die Vokale *a, o, u* folgen, z. B. *la casa (das Haus), il coro (der Chor), il gusto (der Geschmack)* vor *e* und *i* wie [tʃ] bzw. [dʒ] ausgesprochen, ähnlich wie in *tschüs* bzw. *Gin*, z. B. *gli amici (die Freunde), oggi (heute)*. Bei den Buchstabenkombinationen *cia, cio, ciu, gia, gio, giu* ist die Aussprache *tscha* [tʃ:a] etc., bzw. *dscha* [dʒ:a] etc. Das *i* wird nicht gesprochen, da seine Funktion allein darin liegt, die Aussprache des *c* bzw. *g* zu verändern, z. B. *ciao (tschüs, servus), il gioco (das Spiel)*
gl	als Verbindung *lj* gleichzeitig artikuliert zu sprechen, ähnlich wie in *Familie, Million*, z. B. *la moglie (die Ehefrau)*
gn	*nj* wie in *Kognak*, z. B. *la campagna (das Land)*
qu	das *u* ist deutlich als solches zu sprechen, z. B. *qui (hier)* (sprich: *kui*)

Alphabet, Aussprache, Rechtschreibung 1

r	mit der Zungenspitze zu rollen, z. B. *Roma (Rom)*
s	vor stimmlosen Konsonanten (*f, p, q, t*), nach *l, n, r,* am Wortanfang und als Doppelkonsonant stimmlos ausgesprochen, z. B. *lo specchio (der Spiegel), falso (falsch), il corso (der Kurs)*; vor *b, d, g, l, m, n, r, z* und zwischen Vokalen stimmhaft, z. B. *lo sbaglio (der Fehler), la cosa (die Sache)*; die Buchstabenkombinationen *sco, sca, scu, schi, sche* werden ähnlich wie im Wort *Skonto* gesprochen, z. B. *la scuola (die Schule), i boschi (die Wälder)*; die Buchstabenkombinationen *sci, sce, scia, scio, sciu* werden ähnlich wie im Wort *Schatz* ausgesprochen, z. B. *la scena (die Szene), la sciarpa (der Schal)*
v	wie das deutsche *w*, z. B. *il vino (der Wein)*
z	stimmlos vor Vokalen, nach *l, n* und vor den Endungen *-zione, -enza,* und *-anza,* z. B. *senza (ohne), la stazione (der Bahnhof),* stimmhaft zwischen Vokalen und in der Endung *-izzare,* z. B. *azzurro (blau), organizzato (organisiert)*

1.4 Rechtschreibung

Akzente

In der italienischen Sprache gibt es nur zwei Akzente: *l'accento grave* (`) wie im Wort *caffè* und *l'accento acuto* (´) wie im Wort *perché*. Der Akzent wird nur gesetzt, wenn der letzte Buchstabe des Wortes betont ist und bei einigen einsilbigen Wörtern, um sie von anderen gleich lautenden zu unterscheiden:

sì (ja) – si (sich, man)

Apostroph

Der Apostroph wird verwendet, um zu verhindern, dass zwei Vokale aufeinander treffen. In diesem Fall entfällt der Endvokal des ersten Wortes und wird durch den Apostroph ersetzt (*questo albergo* ⟶ *quest'albergo*).

13

1 Alphabet, Aussprache, Rechtschreibung

troncamento

Einige Wörter verlieren im Italienischen den Endvokal oder werden gekürzt, unabhängig davon, ob ein Vokal oder ein Konsonant folgt. Es wird in diesem Fall kein Apostroph verwendet:

il dottor Rossi	*Doktor Rossi*
signor Rossi	*Herr Rossi*
Che mal di testa!	*Was für Kopfschmerzen!*

Aber: Hai un **po'**di tempo?   *Hast du ein bisschen Zeit?*

Die euphonische Erweiterung

Nach der Konjunktion *e* und nach der Präposition *a* wird oft ein *d* angehängt, um zu vermeiden, dass zwei Vokale (insbesondere gleiche Vokale) aufeinander treffen:

Va ad Ancona.	*Er fährt nach Ancona.*
piante ed erbe ...	*Pflanzen und Kräuter ...*

Groß- und Kleinschreibung

Großgeschrieben wird am Satzanfang, nach Punkt, Fragezeichen und Ausrufezeichen sowie zu Beginn der direkten Rede. Großgeschrieben werden außerdem Eigennamen, Namen von Heiligen und Gottheiten, Bezeichnungen von Institutionen, Epochen, Feiertage. Personal- und Possessivpronomen der 3. Person Singular und Plural werden in der Regel ebenfalls großgeschrieben (Höflichkeitsform):

il Medioevo	*das Mittelalter*
Dove vai a Pasqua?	*Wo fährst du Ostern hin?*
E Lei, come si chiama?	*Und wie heißen Sie?*

Zeichensetzung

Unterschiede zum Deutschen gibt es vor allem bei der Kommasetzung. Vor Infinitiven, vor Nebensätzen, die durch *se* eingeleitet werden, und vor Relativsätzen, die unentbehrlich zum Verständnis des Satzes sind, steht im Italienischen kein Komma:

Chiedile se è d'accordo!	*Frag sie, ob sie einverstanden ist!*
La casa in cui abito ...	*Das Haus, in dem ich wohne ...*

Alphabet, Aussprache, Rechtschreibung **1**

Silbentrennung

Zwei gleiche Konsonanten können getrennt werden, ebenso die Konsonantenfolge *cq*:

as - sag - gia - re   ac - qui - sto

Einzelne Konsonanten gehören zur Silbe des Folgevokals:

a - bi - to

Zwei oder drei unterschiedliche Konsonanten bilden mit dem Folgevokal eine Silbe:

u - sci - ta   a - stro - lo -go

Beginnt jedoch eine Konsonantengruppe mit *l, m, n, r*, so gehört dieser Konsonant zur vorangehenden Silbe:

com - pro   al - tri - men - ti

Zwei oder mehrere zusammenhängende Vokale werden nicht getrennt:

ita - **lia** - no   sta - **zio** - ne

15

2 Genus der Substantive

Substantive sind im Italienischen entweder maskulin oder feminin, ein Neutrum gibt es nicht.
Bei Substantiven, die Lebewesen bezeichnen, richten sich der bestimmte Artikel und die Endung nach dem natürlichen Geschlecht. Das grammatische Geschlecht (Genus) stimmt mit dem natürlichen Geschlecht überein:

il ragazzo	der Junge	**la** ragazza	das Mädchen
il signore	der Herr	**la** signora	die Dame
il gatto	der Kater	**la** gatta	die Katze

2.1 Genus und Endungen der Substantive

Einen Hinweis auf das Geschlecht können auch die Endungen von Substantiven geben:

Substantive auf -*o* sind in der Regel maskulin:

	il libro	das Buch
	l'uomo	der Mann
Aber:	**la** mano	die Hand

Substantive auf -*a* sind in der Regel feminin:

	la donna	die Frau
	la mattina	der Morgen
Aber:	**il** poeta	der Dichter

Substantive auf -*i* sind in der Regel feminin:

	la crisi	die Krise
	la tesi	die These
Aber:	**il** brindisi	der Trinkspruch

Substantive auf -*e* können sowohl feminin als auch maskulin sein:

	la neve	der Schnee
	la lezione	die Lektion
	il fiore	die Blume
	il giornale	die Zeitung

Genus der Substantive **2**

Bei einigen Substantiven können Sie lediglich am Artikel erkennen, ob es sich um ein männliches oder weibliches Wesen handelt:

il giornalista	*der Journalist*	**la** giornalista	*die Journalistin*
il collega	*der Kollege*	**la** collega	*die Kollegin*
il cantante	*der Sänger*	**la** cantante	*die Sängerin*

Berufsbezeichnungen sind im Italienischen oft männlich, unabhängig vom Geschlecht der ausübenden Person:

il medico	*der Arzt/die Ärztin*
l'architetto	*der Architekt/die Architektin*
l'ingegnere	*der Ingenieur/die Ingenieurin*

Allerdings ist auch der umgekehrte Fall möglich:

la spia	*der Spion/die Spionin*
la guida	*der Führer/die Führerin*

Einige Personen- und Tierbezeichnungen bilden ihre feminine Form unregelmäßig:

il re	*der König*	**la** regina	*die Königin*
il dio	*der Gott*	**la** dea	*die Göttin*
il cane	*der Hund*	**la** cagna	*die Hündin*

Andere haben unterschiedliche Wortstämme:

il padre	*der Vater*	**la** madre	*die Mutter*
il fratello	*der Bruder*	**la** sorella	*die Schwester*
il marito	*der Ehemann*	**la** moglie	*die Ehefrau*

2.2 Genus bei Sachbezeichnungen, Abstrakta

Bei Sachbezeichnungen hat das grammatische Geschlecht keinen Bezug mehr zur Sache selbst. Zur Bestimmung des Geschlechts hilft hier in einigen Fällen die Zugehörigkeit zu einer bestimmten Sachgruppe.

2.2.1 Maskuline Substantive

Maskulin sind die Bezeichnungen von Seen und Meeren und in den meisten Fällen die Bezeichnungen von Bergen, Flüssen und Bäumen. Die Beispiele finden Sie auf der folgenden Seite.

2 *Genus der Substantive*

il lago di Garda	*der Gardasee*		
il Mediterraneo	*das Mittelmeer*		
il Vesuvio	*der Vesuv*	**Aber**: **le** Alpi	*die Alpen*
il Tevere	*der Tiber*	**la** Senna	*die Seine*
il noce	*der Nussbaum*	**la** quercia	*die Eiche*
l'olivo	*der Olivenbaum*	**la** palma	*die Palme*

Ebenso maskulin sind die Monatsnamen und – mit Ausnahme des Sonntags – die Wochentage:

(il) marzo	*(der) März*	
(il) sabato	*(der) Samstag*	**Aber**: **(la)** domenica *(der) Sonntag*

Farben sind in der Regel maskulin, ebenso substantivierte Infinitivformen:

il giallo	*das Gelb*
il blu	*das Blau*
il dovere	*die Pflicht*

2.2.2 Feminine Substantive

Feminin sind (mit wenigen Ausnahmen) Städte, Regionen, Länder und Konti-
nente:

l'antica Roma	*das antike Rom*	**Aber**: **il** Cairo	*Kairo*
la Toscana	*die Toskana*	**il** Piemonte	*Piemont*
la Germania	*Deutschland*	**il** Brasile	*Brasilien*
la Francia	*Frankreich*		
l'Europa	*Europa*		
l'America	*Amerika*		

Bezeichnungen von Früchten sind in der Regel ebenfalls feminin:

l'oliva	*die Olive*	**Aber**: **il** limone	*die Zitrone*
l'arancia	*die Orange*	**il** fico	*die Feige*
la mela	*der Apfel*		
la pera	*die Birne*		

Automarken sind in der Regel feminin:

la Mercedes, **la** Ferrari, etc.

3 Plural der Substantive

3.1 Plural der Substantive auf -o

Substantive, die im Singular auf -o enden, bilden den Plural unabhängig von ihrem Geschlecht auf -i:

l'albero	der Baum	gli alberi	die Bäume
la mano	die Hand	le mani	die Hände

Substantive, die auf -co, -go, -logo und -io enden, bilden eine besondere Gruppe. Auf -co und -go endende Substantive, deren Betonung auf der vorletzten Silbe liegt, bilden den Plural auf -chi bzw. -ghi:

il tedesco	der Deutsche	i tedeschi	die Deutschen
l'albergo	das Hotel	gli alberghi	die Hotels

Bei Betonung auf der drittletzten Silbe bilden sie den Plural auf -ci bzw. -gi:

il medico	der Arzt	i medici	die Ärzte
l'asparago	der Spargel	gli asparagi	die Spargel

Substantive auf -logo bilden den Plural auf -logi, wenn eine Person gemeint ist, jedoch auf -loghi, wenn von einer Sache die Rede ist:

l'astrologo	der Astrologe	gli astrologi	die Astrologen
il catalogo	der Katalog	i cataloghi	die Kataloge

Substantive auf -io verlieren bei unbetonter Endung im Plural den Endvokal (io ⟶ i), sie verdoppeln den Endvokal i, wenn dieser betont ist (io ⟶ ii):

il viaggio	die Reise	i viaggi	die Reisen
lo zio	der Onkel	gli zii	die Onkel

3.2 Plural der Substantive auf -a

Substantive auf -a bilden im Femininum den Plural in der Regel auf -e, im Maskulinum auf -i:

la casa	das Haus	le case	die Häuser
la giornalista	die Journalistin	le giornaliste	die Journalistinnen

19

3 *Plural der Substantive*

il giornalist**a**	*der Journalist*	i giornalist**i**	*die Journalisten*
il sistem**a**	*das System*	i sistem**i**	*die Systeme*

Eine Sondergruppe bilden Substantive, die auf *-ca, -ga, -cia* und *-gia* enden. Substantive auf *-ca* und *-ga* bilden im Femininum den Plural auf *-che* bzw. *-ghe*, im Maskulinum jedoch auf *-chi* bzw. *-ghi*:

	la colle**ga**	*die Kollegin*	le colle**ghe**	*die Kolleginnen*
	il colle**ga**	*der Kollege*	i colle**ghi**	*die Kollegen*
	il du**ca**	*der Herzog*	i du**chi**	*die Herzöge*
	la bel**ga**	*die Belgierin*	le bel**ghe**	*die Belgierinnen*
Aber:	il bel**ga**	*der Belgier*	i bel**gi**	*die Belgier*

Geht den Singularendungen *-cia* und *-gia* ein Vokal voran, bleibt das *i* erhalten. Geht ihnen ein Konsonant voran, entfällt im Plural das *i*:

la farma**cia**	*die Apotheke*	le farma**cie**	*die Apotheken*
la cami**cia**	*das Hemd*	le cami**cie**	*die Hemden*

la spiag**gia**	*der Strand*	le spiag**ge**	*die Strände*
la man**cia**	*das Trinkgeld*	le man**ce**	*die Trinkgelder*

3.3 Plural der Substantive auf *-e*

Unabhängig von ihrem Geschlecht bilden diese Substantive den Plural immer auf *-i*:

la canzon**e**	*das Lied*	le canzon**i**	*die Lieder*
il giornal**e**	*die Zeitung*	i giornal**i**	*die Zeitungen*

3.4 Unveränderliche Substantive

Einige Substantive bleiben im Plural unverändert; es handelt sich vor allem um einsilbige Substantive, endbetonte Substantive, auf *-i* oder auf Konsonant endende Substantive sowie Kurzformen wie *la foto, l'auto,* etc.

il re	*der König*	i re	*die Könige*
la città	*die Stadt*	le città	*die Städte*
la crisi	*die Krise*	le crisi	*die Krisen*
il film	*der Film*	i film	*die Filme*
l'auto	*das Auto*	le auto	*die Autos*

Plural der Substantive **3**

Achten Sie darauf, dass es für alle vorangegangenen Regeln leider zahlreiche Ausnahmen gibt. Auf einige Besonderheiten der Pluralbildung wird im folgenden Punkt hingewiesen.

3.5 Besonderheiten in der Pluralbildung

Wie zum Teil schon ausgeführt, gibt es im Italienischen viele Substantive mit unregelmäßiger Pluralbildung:

l'uomo	*der Mann*	gli uomini	*die Männer*
il dito	*der Finger*	le dita	*die Finger*
l'uovo	*das Ei*	le uova	*die Eier*
la mano	*die Hand*	le mani	*die Hände*

Einige Substantive weisen nur die Singularform auf:

la gente	*die Leute*
la roba	*die Sachen, das Zeug*

Andere kommen nur im Plural vor:

i dintorni	*die Umgebung*
gli occhiali	*die Brille*
gli spiccioli	*das Kleingeld*

Manche haben sogar zwei Pluralformen, die dann aber unterschiedliche Bedeutung haben, wie zum Beispiel:

il braccio	*der Arm*	1. i bracci del fiume	*die Flussarme*
		2. le braccia di una persona	*die Arme einer Person*
il muro	*die Mauer*	1. i muri della casa	*die Hausmauern*
		2. le mura della città	*die Stadtmauern*
il filo	*der Faden der Draht*	1. i fili	*die Fäden die Drähte*
		2. le fila	*die Fäden einer Verschwörung*
il membro	*das Mitglied das Glied*	1. i membri	*die Mitglieder*
		2. le membra	*die Gliedmaßen*

21

3 Plural der Substantive

3.6 Plural der zusammengesetzten Substantive

Aus mehreren Wörtern zusammengesetzte Substantive weisen in ihrer Pluralbildung viele Besonderheiten auf. Substantive, die aus Verb + Verb oder aus Verb + Substantiv fem. sing. oder aus Verb + Substantiv Plural zusammengesetzt sind, bleiben im Plural unverändert:

il lasciapassare	*der Passierschein*	i lasciapassare
il portacenere	*der Aschenbecher*	i portacenere
lo stuzzicadenti	*der Zahnstocher*	gli stuzzicadenti
il rubacuori	*der Herzensbrecher*	i rubacuori

Kombinationen aus Substantiv + Adjektiv verändern im Plural die Endungen beider Wortteile:

| la cass**aforte** | *der Geldschrank* | le cass**eforti** |
| la terr**acotta** | *Terrakotta* | le terr**ecotte** |

Kombinationen, bestehend aus dem Wort *capo* + Substantiv, verändern den Endvokal des ersten Wortteils, wenn *capo* eine Person bezeichnet:

| il capostazione | *der Bahnhofsvorsteher* | i cap**i**stazione |
| il capoufficio | *der Bürochef* | i cap**i**ufficio |

Bezeichnet *capo* eine Sache, verändert sich im Plural der Endvokal des zweiten Wortteils:

| il capolavoro | *das Meisterwerk* | i capolavor**i** |

Zusammengesetzte, aber getrennt geschriebene Substantive verändern im Plural den Endvokal des ersten Wortes:

il divano letto	*die Schlafcouch*	i divani letto
il vagone letto	*der Schlafwagen*	i vagoni letto
il cane lupo	*der Schäferhund*	i cani lupo

Oft aber bilden zusammengesetzte Substantive den Plural ganz regelmäßig:

il passaporto	*der Reisepass*	i passaporti
il francobollo	*die Briefmarke*	i francobolli
l'arcobaleno	*der Regenbogen*	gli arcobaleni
il girasole	*die Sonnenblume*	i girasoli

4   Bestimmter Artikel

Der bestimmte Artikel hat im Italienischen verschiedene Formen, die vom Ge-
schlecht und vom Anfangsbuchstaben des darauf folgenden Wortes abhängen.

4.1   Formen des bestimmten Artikels

Im **Maskulinum** lautet der bestimmte Artikel:

	Singular	Plural
vor Konsonanten:	il	i
vor Vokalen:	l'	gli
vor s + Kons., z, gn, ps, x, y:	lo	gli

Beispiele:

il libro	*das Buch*	**i** libri
l'albergo	*das Hotel*	**gli** alberghi
lo zero	*die Null*	**gli** zeri
lo studio	*das Studium*	**gli** studi
lo psichiatra	*der Psychiater*	**gli** psichiatri
lo xenofobo	*der Fremdenfeind*	**gli** xenofobi
lo yoghurt	*der Yoghurt*	**gli** yoghurt

Im **Femininum** lautet der bestimmte Artikel:

	Singular	Plural
vor Konsonanten:	la	le
vor Vokalen:	l'	le

Beispiele:

la studentessa	*die Studentin*	**le** studentesse
l'amica	*die Freundin*	**le** amiche

23

4 *Bestimmter Artikel*

4.2 Gebrauch des bestimmten Artikels

Im Italienischen wie im Deutschen steht der bestimmte Artikel bei Substantiven, die auf etwas Bekanntes oder bereits Genanntes verweisen. Der bestimmte Artikel weist auch auf eine gesamte Gattung hin:

Hai letto **il** libro che ti ho prestato?	*Hast du das Buch gelesen, das ich dir geliehen habe?*
Preferisco **il** vino bianco.	*Ich trinke lieber Weißwein.*

4.3 Besonderheiten im Gebrauch des bestimmten Artikels

Spricht man über eine Person, so ist im Italienischen bei Anreden und Titeln *(signore, dottoressa, etc.)* abweichend vom Deutschen immer der bestimmte Artikel zu verwenden:

Il professor Bianchi arriva domani.	*Professor Bianchi kommt morgen an.*
Come sta **la** signora Pitti?	*Wie geht es Frau Pitti?*

Ebenso stehen geographische Bezeichnungen wie Kontinente, Länder, Regionen mit dem bestimmten Artikel:

L'America fu scoperta nel 1492.	*Amerika wurde 1492 entdeckt.*
Ti è piaciuta **la** Sicilia?	*Hat dir Sizilien gefallen?*

Zu beachten ist außerdem die Anwendung des bestimmten Artikels bei Uhrzeit, Wochentagen, Datum und Monatsnamen. Uhrzeit und Datumsangaben werden meist mit dem bestimmten Artikel verwendet:

È **l'**una e un quarto.	*Es ist viertel nach eins.*
Sono **le** due.	*Es ist zwei Uhr.*
Parto **il** 15.	*Ich fahre am 15. ab.*

Datumsangaben in Briefen jedoch ohne den bestimmten Artikel:

Verona, 15.8.97	*Verona, den 15.8.97*

Bei Wochentagen wird der bestimmte Artikel nur dann verwendet, wenn eine gewisse Regelmäßigkeit ausgedrückt werden soll:

Il lunedì gioco sempre a tennis.	*Montags spiele ich immer Tennis.*

Bestimmter Artikel **4**

Monatsnamen stehen in der Regel ohne den bestimmten Artikel, außer sie sind näher bestimmt, z.B. durch ein Datum:

Gennaio è il primo mese dell'anno.
Der Januar ist der erste Monat des Jahres.

È accaduto nel gennaio 1968.
Es ist im Januar 1968 passiert.

4.4 Präposition und bestimmter Artikel

Viel öfter als im Deutschen wird im Italienischen der bestimmte Artikel mit der Präposition zu einem Wort verschmolzen; es entstehen folgende Verbindungen:

	il	lo	l'	la	i	gli	le
a	al	allo	all'	alla	ai	agli	alle
da	dal	dallo	dall'	dalla	dai	dagli	dalle
su	sul	sullo	sull'	sulla	sui	sugli	sulle
in	nel	nello	nell'	nella	nei	negli	nelle
di	del	dello	dell'	della	dei	degli	delle

Beispiele:

Andiamo **al** cinema?
Gehen wir ins Kino?

Il libro è **nello** scaffale.
Das Buch steht im Bücherregal.

dal primo **all'**otto marzo
vom 1. bis 8. März

Die Präposition *con* wird im heutigen Italienisch relativ selten mit dem bestimmten Artikel zu einem Wort verschmolzen. Viel öfters wird sie getrennt geschrieben:

Vai d'accordo con il (col) tuo collega?
Verstehst du dich gut mit deinem Kollegen?

Alle anderen Präpositionen werden getrennt vom bestimmten Artikel verwendet.

25

5 Unbestimmter Artikel

5.1 Formen des unbestimmten Artikels

Auch der unbestimmte Artikel hängt in seiner Form vom Geschlecht und vom Anfangsbuchstaben des darauf folgenden Wortes ab.

Im **Maskulinum** lautet der unbestimmte Artikel:

vor Konsonanten:	un
vor Vokalen:	un
vor s + Kons., z, gn, ps, x, y:	uno

Beispiele:

un libro	*ein Buch*
un albergo	*ein Hotel*
uno specchio	*ein Spiegel*
uno psichiatra	*ein Psychiater*
uno xenofobo	*ein Fremdenfeind*
uno yoghurt	*ein Yoghurt*

Im **Femininum** lautet der unbestimmte Artikel:

vor Konsonanten:	una
vor Vokalen:	un'

Beispiele:

una sedia	*ein Stuhl*
una stagione	*eine Jahreszeit*
un'amica	*eine Freundin*

Der unbestimmte Artikel hat keine eigene Pluralform, der Plural wird durch die Präposition *di* + bestimmter Artikel gebildet (→ 5.3 Plural des Teilungsartikels).

26

Unbestimmter Artikel **5**

5.2 Gebrauch des unbestimmten Artikels

Man verwendet den unbestimmten Artikel, um auf etwas Neues, noch Unbekanntes hinzuweisen:

Comprerò **un** libro qualsiasi.   _Ich werde irgendein Buch kaufen._

Der unbestimmte Artikel entfällt jedoch in Ausrufen und bei Appositionen:

Che disgrazia!   _Welch ein Unglück!_
Fellini, famoso regista ...   _Fellini, ein berühmter Regisseur ..._

5.3 Der Teilungsartikel

Spricht man von einer unbestimmten Menge oder Anzahl von Dingen, wird der Teilungsartikel verwendet; der Teilungsartikel wird durch Verschmelzung der Präposition _di_ mit dem bestimmten Artikel gebildet:

di +	il	lo	l'	la	i	gli	le
wird zu:	del	dello	dell'	della	dei	degli	delle

Der Teilungsartikel muss nicht unbedingt verwendet werden. Er wird immer dann benutzt, wenn man betonen will, dass es sich um eine unbestimmte Menge handelt:

Ho comprato **della** frutta.   _Ich habe (etwas) Obst gekauft._
Aber: Ho comprato frutta.   _Ich habe Obst gekauft (statt etwas anderes)._

Nicht verwendet werden darf der Teilungsartikel in Negativsätzen, bei Abstrakta und nach adjektivischen Mengenangaben:

Non fumo mai sigarette!   _Ich rauche nie Zigaretten!_
Abbi pazienza!   _Hab Geduld!_
Ho comprato molti libri.   _Ich habe viele Bücher gekauft._

27

6   Personalpronomen

Man unterscheidet im Italienischen zwischen Subjektpronomen (man fragt: *Wer?* – Nominativ) und Objektpronomen (man fragt: *Wem?* – Dativ oder *Wen?* – Akkusativ) und zwischen betonten und unbetonten Formen.

6.1   Subjektpronomen

6.1.1   Formen

Singular		Plural	
io	*ich*	noi	*wir*
tu	*du*	voi	*ihr*
lui / lei / Lei	*er/sie/Sie*	loro / Loro	*sie/Sie*

Für die 3. Person Singular *(lui / lei)* und Plural *(loro)* gibt es außerdem die Formen *egli / esso* (Mask. Sing.), *ella / essa* (Fem. Sing.), *essi* (Mask. Pl.) und *esse* (Fem. Pl.). Diese Formen sind relativ selten und nur in der Schriftsprache oder in amtlichen Texten zu finden.

6.1.2   Gebrauch

Das Subjektpronomen wird im Italienischen selten verwendet. Verben werden meist ohne Subjektpronomen gebraucht:

Andiamo al bar?   *Gehen wir ins Cafè?*

Die Höflichkeitsformen *Lei* und *Loro* werden in der Regel großgeschrieben:

E Lei, come si chiama?   *Und wie heißen Sie?*

Das formelle *Loro* (3. Pers. Pl.) wird häufig durch *Voi* (2. Pers. Pl.) ersetzt, das dann ebenfalls (vor allem in Geschäftsbriefen) großgeschrieben wird:

Come Loro sanno, la merce è ...   *Wie Sie wissen, ist die Ware ...*
Come Voi sapete, la merce è ...   *Wie Sie wissen, ist die Ware ...*

Personalpronomen **6**

6.2   Unbetonte Objektpronomen

6.2.1   Dativpronomen – Formen

Singular		Plural	
mi	*mir*	ci	*uns*
ti	*dir*	vi	*euch*
gli / le / Le	*ihm/ihr/Ihnen*	gli / loro / Loro	*ihnen/Ihnen*

6.2.2   Gebrauch der Dativpronomen

a) Die Anredeform im Singular ist *Le* und gilt für das Maskulinum wie für das Femininum. Sie wird großgeschrieben, allerdings findet man im heutigen Italienisch immer häufiger Ausnahmen zu dieser Regel:

> Signore, Le assicuro che ...   *Mein Herr, ich versichere Ihnen ...*

b) Die Formen der 3. Person Plural *gli / loro* gelten für beide Geschlechter:

> Che cosa gli regaliamo?   *Was schenken wir ihnen?*

c) Wie bei den Subjektpronomen wird in der Anrede das formelle *Loro* häufig durch die 2. Person Plural *Vi* ersetzt, das dann meist großgeschrieben wird:

> Do Loro una breve ...   *Ich gebe Ihnen eine kurze ...*
> Vi do una breve ...   *Ich gebe Ihnen eine kurze ...*

6.2.3   Akkusativpronomen – Formen

Singular		Plural	
mi	*mich*	ci	*uns*
ti	*dich*	vi	*euch*
lo	*ihn, es*	li/Li (Mask.)	*sie/Sie*
la/La	*sie/Sie*	le/Le (Fem.)	*sie/Sie*

29

6 Personalpronomen

6.2.4 Gebrauch der Akkusativpronomen

a) Die Anredeform im Singular ist *La* und gilt für beide Geschlechter:

Dottor Rossi, La prego di ...	*Doktor Rossi, ich bitte Sie ...*
Signora Piotti, La prego di ...	*Frau Piotti, ich bitte Sie ...*

b) Die Singularformen *lo, la, La* werden vor Vokalen oder *h* meist apostrophiert, die Pluralformen *li, le* dagegen nie. Achten Sie auch darauf, dass bei den zusammengesetzten Zeiten sich die Endungen des Partizip Perfekt in Zahl und Geschlecht nach dem vorangehenden Akkusativpronomen richten. Für die 3. Person Singular *(lo, la La)* und Plural *(li / Li, le / Le)* ist diese Regel bindend; ansonsten kann diese Angleichung vorgenommen werden oder nicht:

L'hai vist**a**?	*Hast du sie (Fem. Sing.) gesehen?*
Le hai vist**e**?	*Hast du sie (Fem. Pl.) gesehen?*
Li hai vist**i**?	*Hast du sie (Mask. Pl.) gesehen?*

c) Steht das Objekt am Satzanfang, muss es durch das entsprechende Personalpronomen aufgenommen werden:

Quel tipo non **lo** sopporto.	*Den Typ kann ich nicht ausstehen.*

d) Die Anredeformen im Akkusativ *(Li, Le)* werden ebenfalls häufig durch das weniger formelle *Vi* ersetzt:

Signori, Li invitiamo...	*Meine Herren, wir laden Sie ein...*
Vi invitiamo...	*Wir laden Sie ein...*

6.2.5 Reflexivpronomen – Formen

Singular		Plural	
mi	*mich*	ci	*uns*
ti	*dich*	vi	*euch*
si	*sich*	si	*sich*

Die Reflexivpronomen werden in der Regel nicht apostrophiert. Für ihre Stellung im Satz gelten die unter 6.5 genannten Regeln.

30

Personalpronomen **6**

6.3 Pronominaladverbien (*ci* und *ne*)

Das Pronominaladverb *ci* kann für eine bereits genannte Ortsangabe stehen und bedeutet *hier, hierher, dort, dorthin*:

Quando vai **dal medico?**	*Wann gehst du zum Arzt?*
Ci vado domani.	*Ich gehe morgen (dort)hin.*
Chi va **in banca**?	*Wer geht zur Bank?*
Ci vado io.	*Ich gehe hin.*

Ci kann auch durch die Präposition *a* eingeleitete Ergänzungen ersetzen:

Pensi spesso **al tuo paese**?	*Denkst du oft an dein Land?*
Sì, **ci** penso spesso.	*Ja, ich denke oft daran.*
Ha provato **a telefonare**?	*Haben Sie versucht, anzurufen?*
Sì, **ci** ho provato, ma non risponde.	*Ja, ich habe es versucht, aber sie antwortet nicht.*

Das Pronominaladverb *ne* kann eine bereits genannte Ortsangabe ersetzen und bedeutet *von dort*:

Sei stata **in città?**	*Bist du in der Stadt gewesen?*
Sì, **ne** torno proprio ora.	*Ja, ich komme gerade von dort.*

Es ersetzt auch Ergänzungen mit der Präposition *di* und hat dann die Bedeutung *darüber, dazu*. *Ne* bleibt im Deutschen oft unübersetzt:

Siete sicuri **di venire**?	*Seid ihr sicher, dass ihr kommt?*
Sì, **ne** siamo sicuri.	*Ja, wir sind uns sicher.*

Ne hat oft eine partitive Funktion und bedeutet dann *davon*. Beachten Sie, dass in diesem Fall die Partizipendung des Verbs in Zahl und Geschlecht mit dem durch *ne* ersetzten Begriff übereinstimmen muss:

Quanti **esami** hai dato?	*Wie viele Prüfungen hast du abgelegt?*
Ne ho dat**i** tre.	*Ich habe drei (davon) abgelegt.*
Hai fumato molte **sigarette**?	*Hast du viele Zigaretten geraucht?*
Sì, **ne** ho fumat**e** molte.	*Ja, ich habe viele (davon) geraucht.*
Hai mangiato molta **frutta**?	*Hast du viel Obst gegessen?*
Sì, **ne** ho mangiat**a** molta.	*Ja, ich habe viel (davon) gegessen.*

31

6 Personalpronomen

6.4 Kombination unbetonter Personalpronomen

Dativpronomen *(mi, ti, gli / le / Le, ci, vi)* und das Reflexivpronomen *(si)* werden auf folgende Weise mit den Akkusativpronomen *(lo, la, li, le)* bzw. mit dem Pronominaladverb *ne* verbunden:

	lo	la	li	le	ne
mi	me lo	me la	me li	me le	me ne
ti	te lo	te la	te li	te le	te ne
gli **le** **Le**	glielo	gliela	glieli	gliele	gliene
ci	ce lo	ce la	ce li	ce le	ce ne
vi	ve lo	ve la	ve li	ve le	ve ne
gli	glielo	gliela	glieli	gliele	gliene
si	se lo	se la	se li	se le	se ne

Das Dativpronomen steht vor dem Akkusativpronomen; sie werden mit Ausnahme der mit *gli* zusammengesetzten Pronomen getrennt geschrieben:

> **Me li** ha regalati Cecilia. *Cecilia hat sie mir geschenkt.*
> **Glielo** avete detto? *Habt ihr es ihm gesagt?*

Das Pronominaladverb *ci* wird zu *ce* und geht dem Akkusativpronomen voran:

> Hai già messo il sale? *Hast du schon Salz hineingetan?*
> Sì, **ce l'**ho messo. *Ja, ich habe es schon hineingetan.*

Trifft *ci* jedoch auf ein Reflexivpronomen, bleibt es unverändert und wird, außer in der 3. Person Singular und Plural, dem Reflexivpronomen nachgestellt:

> **Mi ci** sono trovata bene. *Ich habe mich dort wohl gefühlt.*
> **Ci si** è abituato. *Er hat sich daran gewöhnt.*

Personalpronomen **6**

6.5 Stellung unbetonter Objektpronomen und Pronominaladverbien im Satz

Dativ-, Akkusativ- und Reflexivpronomen sowie die Pronominaladverbien *ci* und *ne* stehen in der Regel vor dem Verb. Eine Ausnahme bildet die Dativform *loro*, die immer nach dem Verb steht:

Li conoscete?	*Kennt ihr sie?*
Gli hai già scritto?	*Hast du ihnen schon geschrieben?*
Scriverò **loro** domani.	*Ich werde ihnen morgen schreiben.*

In Verbindung mit einem Verb im Infinitiv werden sie nachgestellt, wobei der Infinitiv seinen Endvokal verliert:

Cerchi di parlar**le** al più presto!	*Versuchen Sie baldmöglichst mit ihr zu sprechen!*

Gehen dem Infinitiv jedoch die Verben *dovere, potere, sapere, volere, andare, venire* voran, kann das Pronomen auch vorangestellt werden:

Le deve parlare!	*Sie müssen mit ihr sprechen!*
Deve parlar**le**!	*Sie müssen mit ihr sprechen!*

In Verbindung mit verneinten Verben ist zu beachten, dass Dativ-, Akkusativ- und Reflexivpronomen sowie die Pronominaladverbien *ci* und *ne* nie vor der Verneinung stehen:

Non **le** deve parlare!	*Sie dürfen nicht mit ihr reden.*
Non deve parlar**le**!	*Sie dürfen nicht mit ihr reden.*

Beim Imperativ, mit Ausnahme der 3. Pers. Sing. und Plural (→ Kap. 24), wird das Pronomen angehängt:

Fal**lo**!	*Mach es! Tu es!*
Di**glielo**!	*Sag es ihm/ihr!*
Telefona**le**!	*Ruf sie an!*

Beim verneinten Imperativ kann das Pronomen vor oder nach dem Verb stehen, jedoch nie vor der Verneinung:

Non far**lo**!	*Tu es nicht!*
Non **lo** fare!	*Tu es nicht!*

33

6 Personalpronomen

Beim Imperativ in der 3. Person Singular und Plural (Höflichkeitsform) wird das Pronomen immer vorangestellt:

Mi porti ...!	*Bringen Sie mir ...!*
Mi portino ...!	*Bringen Sie mir ...!*
Lo faccia!	*Tun Sie es!*

! Unbetonte Pronomen (mit Ausnahme von *gli* und *glie)*, die an die 2. Person Singular des Imperativs von *fare, dare, stare, dire, andare* angehängt werden, verdoppeln ihren Anfangskonsonant:

	Fammi questo favore!	*Tu mir den Gefallen!*
	Dimmelo!	*Sag es mir!*
Aber:	**Diglielo!**	*Sag es ihm!*

Beim Gerundium (→ Kap. 26), beim absoluten Partizip (→ Kap. 27.4) und bei *ecco* wird das Pronomen nachgestellt und angehängt:

Chiamando**lo** a quest'ora, lo trova.	*Wenn Sie ihn um diese Zeit anrufen, erreichen Sie ihn.*
Visto**si** scoperto, ...	*Als er sich ertappt sah, ...*
Ecco**la!** Ecco**ci** qua!	*Hier ist sie! Da sind wir!*

6.6 Betonte Objektpronomen

6.6.1 Formen

Dativ:	a me	a te	a lui	a lei	a Lei	a noi	a voi	a loro / a Loro
	mir	*dir*	*ihm*	*ihr*	*Ihnen*	*uns*	*euch*	*ihnen/Ihnen*
Akk.:	me	te	lui	lei	Lei	noi	voi	loro / Loro
	mich	*dich*	*ihn*	*sie*	*Sie*	*uns*	*euch*	*sie/Sie*

34

Personalpronomen 6

6.6.2 Gebrauch

Die betonten Objektpronomen werden in der Regel bei Gegenüberstellungen, nach Präpositionen, nach Wörtern wie *secondo, beato, felice, povero* und in Vergleichssätzen nach *di, come, quanto* verwendet. Sie stehen nach dem Verb. Als betonte Reflexivform wird nur *sé* verwendet.

È per me?	*Ist es für mich?*
Dice a me?	*Meinen Sie mich?*
Beato te!	*Du Glücklicher!*
Hai più tempo di me.	*Du hast mehr Zeit als ich.*
Secondo lui …	*Seiner Meinung nach …*
Un uomo come te …	*Ein Mann wie du …*

! Viele Verben verlangen im Italienischen einen anderen Fall als im Deutschen:

Im Italienischen mit Dativ:

chiedere a qualcuno	*jemanden fragen*
domandare a qualcuno	*jemanden fragen*
ricordare a qualcuno	*jemanden erinnern*
rivolgersi a qualcuno	*sich an jemanden wenden*
telefonare a qualcuno	*jemanden anrufen*

Beispiele:

Gli telefono domani.	*Ich rufe ihn morgen an.*
Potrei chiederle un favore?	*Könnte ich Sie um einen Gefallen bitten?*

Im Italienischen mit Akkusativ:

adulare qualcuno	*jemandem schmeicheln*
aiutare qualcuno	*jemandem helfen*
ascoltare qualcuno	*jemandem zuhören*
minacciare qualcuno	*jemandem drohen*
ringraziare qualcuno	*jemandem danken*
seguire qualcuno	*jemandem folgen*

Beispiele:

Lo aiuti tu?	*Hilfst du ihm?*
La ringrazio molto.	*Ich danke Ihnen sehr.*

7 Demonstrativpronomen

Das Demonstrativpronomen weist auf etwas Bestimmtes hin und gibt meist die zeitliche oder räumliche Nähe bzw. Entfernung an. Es kann adjektivisch (ein Substantiv begleitend) oder pronominal (anstelle eines Substantivs) verwendet werden.

7.1 Formen

Mask. Sing.	Fem. Sing.	Mask. Pl.	Fem. Pl.	
questo	questa	questi	queste	*dieser*
quello	quella	quelli	quelle	*jener*
stesso	stessa	stessi	stesse	*derselbe*
medesimo	medesima	medesimi	medesime	*derselbe*
codesto	codesta	codesti	codeste	*der da*
costui	costei	costoro	costoro	*der da*
ciò (unveränderlich)				*dies*

Die oben angegebenen Formen von *quello* gelten nur für den Gebrauch als Pronomen; wird *quello* adjektivisch gebraucht, hat es folgende Formen, die sich nach dem Anfangsbuchstaben des Folgewortes richten:

Maskulinum	Singular	Plural
vor Konsonanten	quel	quei
vor Vokalen	quell'	quegli
vor z, ps, gn, x, y	quello	quegli

Femininum	Singular	Plural
vor Konsonanten	quella	quelle
vor Vokalen	quell'	quelle

Demonstrativpronomen **7**

Beispiele:

Vedete **quell**'edicola?	*Seht ihr diesen Zeitungskiosk dort?*
Vede **quei** due edifici?	*Sehen Sie diese zwei Gebäude dort?*
Vede **quegli** edifici?	*Sehen Sie die Gebäude dort?*
Quello è il Colosseo.	*Das ist das Kolosseum.*
Prendete **quelli**!	*Nehmt die!*

7.2 Gebrauch

questo

Questo wird sowohl adjektivisch als auch pronominal verwendet und bezeichnet Personen, Sachen und Sachverhalte, die räumlich bzw. zeitlich nahe sind.

È tua questa rivista?	*Gehört diese Zeitschrift dir?*
Quest'anno vado al mare.	*Dieses Jahr fahre ich ans Meer.*
Questo è tutto.	*Das ist alles.*
Questi sono i miei amici.	*Das sind meine Freunde.*

quello

Quello bezeichnet Personen, Sachen und Sachverhalte, die räumlich oder zeitlich weit entfernt sind; es wird als Adjektiv oder als Pronomen verwendet.

Mi dai quel libro?	*Gibst du mir das Buch dort?*
Ti ricordi di quella graziosa biondina ...?	*Erinnerst du dich an jene hübsche Blondine ...?*
Ti piacciono quegli orecchini?	*Gefallen dir die Ohrringe dort?*
Quanto costa quell'impermeabile? Quale?	*Wie viel kostet der Regenmantel (dort)? Welcher?*
Quello rosso?	*Der rote?*

ciò

Ciò nimmt Genanntes wieder auf, kann auch durch *questo* ersetzt werden und wird ausschließlich als Pronomen verwendet.

Ciò/Questo è quanto so.	*Das ist alles was ich weiß.*
E con ciò?	*Na und?*

7 Demonstrativpronomen

codesto

Codesto wird vor allem in der Toskana verwendet; ansonsten ist es eher in der Literatur zu finden. Es weist auf Personen oder Sachen hin, die in der Nähe des Hörers und etwas entfernt vom Sprecher sind. Es wird sowohl als Adjektiv wie als Pronomen verwendet.

Mi dai codesto libro?	*Gibst du mir das Buch dort?*

stesso / medesimo

Stesso / medesimo wird sowohl als Adjektiv wie als Pronomen verwendet. *Stesso* kann in der Schriftsprache durch *medesimo* ersetzt werden.

Lavora sempre per la stessa ditta?	*Arbeiten Sie immer noch für dieselbe Firma?*
Sì, sempre per la stessa.	*Ja, immer noch für dieselbe.*
I suoi stessi amici ce l'hanno confermato.	*Seine Freunde selbst haben es uns bestätigt.*

costui / colui

Costui / colui, costei/colei bezeichnen ausschließlich Personen, werden nur als Pronomen verwendet und in einem eher verächtlichen Sinn gebraucht.

Che vuole costei?	*Was will die da?*
Chi è costui?	*Wer ist der da?*

8   Possessivpronomen

Possessivpronomen bezeichnen nicht nur das Besitzverhältnis, sondern auch die Zuordnung eines Wesens oder Dings zu einem anderen.

8.1   Formen

io	il mio libro	la mia borsa	i miei libri	le mie borse
tu	il tuo libro	la tua borsa	i tuoi libri	le tue borse
lui-lei	il suo* libro	la sua borsa	i suoi libri	le sue borse
noi	il nostro libro	la nostra borsa	i nostri libri	le nostre borse
voi	il vostro** libro	la vostra borsa	i vostri libri	le vostre borse
loro	il loro* libro	la loro borsa	i loro libri	le loro borse

* In der Anrede werden diese Formen meist großgeschrieben.

** *Vostro* dient oft als Ersatz für das etwas formellere *Loro* und wird vor allem in der Geschäftskorrespondenz großgeschrieben.

8.2   Gebrauch

Im Gegensatz zum Deutschen wird das Possessivpronomen meist mit dem bestimmten Artikel verwendet. Der bestimmte Artikel entfällt nur bei Verwandtschaftsbezeichnungen, die im Singular stehen und weder eine Koseform (z. B.: *mamma*) darstellen, noch näher bestimmt sind (z. B.: *cara madre*):

Conosci **il mio** collega?	*Kennst du meinen Kollegen?*
È arrivata **mia** madre.	*Meine Mutter ist angekommen.*
La mia mamma ...	*Meine Mutti ...*
La nostra cara madre...	*Unsere liebe Mutter ...*

Die 3. Person Plural *(loro / Loro)* wird immer vom bestimmten Artikel begleitet:

| Conosci **la loro** madre? | *Kennst du ihre Mutter?* |
| Sono dal**la loro** zia. | *Sie sind bei ihrer Tante.* |

8 Possesivpronomen

Der bestimmte Artikel entfällt in Ausrufen, in der Anrede und bei nachgestelltem Possessivpronomen:

Mamma mia!	*Mein Gott!*
Mia cara Luisa, ...	*Meine liebe Luise, ...*
Salutala da parte nostra!	*Grüß sie von uns!*
Venite a casa nostra?	*Kommt ihr zu uns?*

Sowohl der bestimmte Artikel als auch die Endung des Possessivpronomens richten sich nach dem Besitz und nicht nach dem Besitzer; aus diesem Grund können Sie im Italienischen bei der 3. Person Singular nur am Kontext erkennen, ob der Besitzer ein Mann oder eine Frau ist:

il suo libro	*sein/ihr Buch*
la sua casa	*sein/ihr Haus*

Besonderheiten

Das deutsche *gehören* wird im Italienischen meist durch *essere* + Possessivpronomen übersetzt. Das mit *essere* verbundene Possessivpronomen (ohne Substantiv) kann im Italienischen mit oder ohne Artikel verwendet werden:

Di chi è questa borsa?	*Wem gehört diese Tasche?*
È (la) mia.	*Sie gehört mir.*

In unpersönlichen Sätzen wird als Possessivpronomen *proprio* verwendet:

Come arredare il proprio ufficio.	*Wie man sein eigenes Büro einrichtet.*

Proprio wird außerdem verwendet, wenn der Besitz verschiedenen Personen zugeordnet werden kann; es wird dann in Bezug auf das Subjekt verwendet:

Lisa ha detto a suo marito che ha problemi con la **propria** famiglia.	*Lisa sagte ihrem Ehemann, dass sie Probleme mit ihrer eigenen Familie habe.*
Lisa ha detto a suo **marito** che ha problemi con la **sua** famiglia.	*Lisa sagte ihrem Ehemann, dass sie Probleme mit seiner Familie habe.*

40

9 Indefinitpronomen

Das Indefinitpronomen ergänzt (adjektivischer Gebrauch) oder ersetzt (pronominaler Gebrauch) Substantive, die der Sprecher nicht genauer bestimmen kann oder will.

9.1 Formen

Die folgende Übersicht zeigt die wichtigsten Indefinitpronomen:

nur adjektivisch gebrauchte			
certo,-a	*ein gewisser*	ogni	*jeder*
qualche	*einige*	qualsiasi	*jeder beliebige*
qualunque	*irgendein*		

nur pronominal gebrauchte			
chiunque	*wer auch immer*	qualcosa	*etwas*
ognuno,-a	*jeder*	qualcuno,-a	*(irgend)jemand*
niente / nulla	*nichts*		

adjektivisch und pronominal gebrauchte			
alcuni,-e	*einige*	altro,-a, -i, -e	*ein anderer*
certi,-e	*gewisse*	ciascuno,-a	*jeder einzelne*
molto,-a,-i,-e	*viel*	nessuno,-a	*keiner, niemand*
poco,-a	*wenig*	pochi,-e	*wenige*

9.2 Gebrauch

Ogni, qualche, qualsiasi, qualunque sind unveränderlich, das dazugehörige Substantiv steht im Singular:

Ci vediamo ogni giorno.	*Wir sehen uns jeden Tag.*
Ho qualche problema.	*Ich habe einige Probleme.*
Può telefonare a qualunque / qualsiasi ora.	*Sie können zu jeder beliebigen Zeit anrufen.*

9 Indefinitpronomen

Chiunque, qualcosa, nulla, niente sind unveränderlich. Stehen *nulla, niente* nach dem Verb, werden sie durch die Negation *non* ergänzt (→ Kap. 36.3). *Ognuno* und *qualcuno* haben nur die Singularform:

Niente può farmi cambiare idea.	*Nichts kann mich umstimmen.*
Non è vero niente.	*Nichts davon ist wahr.*
Ad ognuno il suo.	*Jedem das Seine.*
Chiedi a qualcuno!	*Frag irgendjemanden!*

Alcuni, -e hat nur die Pluralform, *ciascuno, nessuno* dagegen werden nur im Singular verwendet. *Nessuno, ciascuno* werden vor Vokalen zu *nessun, ciascun* gekürzt, *nessuna, ciascuna* werden zu *nessun', ciascun'* apostrophiert. Stehen *nessuno, nessuna* nach dem Verb, werden sie durch die Negation *non* ergänzt (→ Kap. 36.3):

alcuni impiegati	*einige Angestellte*
nessun'altra	*keine andere*
nessun altro	*kein anderer*
ciascun uomo	*jeder Mann*
Nessuno lo sa.	*Niemand weiß es.*
Non è venuto nessuno.	*Niemand ist gekommen.*

Certo, -a wird im Singular adjektivisch verwendet, die Pluralformen *certi, -e* dagegen können auch pronominal verwendet werden:

Esce con certi amici.	*Er geht mit bestimmten Freunden aus.*
Certi sostengono che ...	*Einige behaupten, dass ...*

Molto, poco, altro haben unterschiedliche Endungen für Maskulinum und Femininum, Singular und Plural:

Ha molta pazienza, ma poco humour.	*Er hat viel Geduld, aber wenig Humor.*
Ha molti amici.	*Er hat viele Freunde.*
Conosco molte persone.	*Ich kenne viele Leute.*
Ho pochi soldi.	*Ich habe wenig Geld.*
poche famiglie ...	*wenige Familien ...*

10 Interrogativpronomen

Durch Interrogativpronomen werden Fragen nach Eigenschaften, Identität, Anzahl oder Art von Personen bzw. Sachen eingeleitet.

10.1 Formen

chi / a chi	*wer, wen, wem*
che cosa	*was*
che	*welcher*
quale, -i	*welcher, welche*
quanto, -a, -i, -e	*wie viel*

10.2 Gebrauch

chi?

Chi ist unveränderlich und wird nur bei Personen verwendet:

Chi viene con noi?	*Wer kommt mit uns?*
Chi proponete?	*Wen schlagt ihr vor?*
A chi scrivi?	*Wem schreibst du?*
Di chi è ...?	*Wem gehört ...?*
Con chi ci vai?	*Mit wem gehst du hin?*

che cosa?

Che cosa bezieht sich auf Sachen und Sachverhalte, es ist unveränderlich und wird in der Umgangssprache häufig zu *che* bzw. zu *cosa* verkürzt:

Che cosa c'è?	*Was ist los?*
Che cosa volevi dirmi?	*Was wolltest du mir sagen?*
Cosa / che avete fatto?	*Was habt ihr gemacht/getan?*

43

10 Interrogativpronomen

che?

Che ist unveränderlich. Es wird in der Regel von einem Substantiv begleitet (adjektivischer Gebrauch) und entspricht dem deutschen *welcher, was für ein, welcher Art*:

Che lavoro fai?	*Was bist du von Beruf?*
Che problema avete?	*Was habt ihr für ein Problem?*
Di che colore è?	*Welche Farbe hat es?*

quale, -i?

Quale hat nur zwei Endungen (*-e* im Singular, *-i* im Plural) und wird vor den mit *e* beginnenden Formen von *essere* zu *qual* verkürzt. *Quale* wird verwendet, wenn nach der Auswahl aus einer bestimmten Menge (Personen oder Sachen) gefragt wird. Es wird mit Substantiv (adjektivischer Gebrauch) oder ohne Substantiv (pronominaler Gebrauch) verwendet:

Quale dei due prendi?	*Welche von beiden nimmst du?*
Quali sono i tuoi progetti?	*Was sind deine Pläne?*
Quali vuoi? Questi o quelli?	*Welche willst du? Diese oder jene?*

! Das deutsche *wie* wird im Italienischen oft durch *quale* wiedergegeben:

Qual è il Suo nome?	*Wie heißen Sie?*
Qual è il Suo indirizzo?	*Wie ist Ihre Anschrift?*
Qual è il Suo numero di telefono?	*Wie lautet Ihre Telefonnummer?*

quanto, -a, -i, -e?

Quanto, -a, -i, -e ist nach Zahl und Geschlecht veränderlich und wird adjektivisch (ein Substantiv begleitend) oder pronominal (anstelle eines Substantivs) verwendet, wenn nach der Anzahl bzw. Menge von Personen oder Sachen gefragt wird:

Quante persone c'erano?	*Wie viele Personen waren da?*
Quanto te ne serve?	*Wie viel brauchst du (davon)?*
Quanti siete?	*Wie viele seid ihr?*
Quanto fa?	*Wie viel macht es?*
Quanto costano le scarpe?	*Wie viel kosten die Schuhe?*

44

11 Relativpronomen

Das Relativpronomen dient dazu, ein Substantiv mit einem Satz (Relativsatz) zu verbinden, in dem Näheres über das Substantiv ausgesagt wird.

11.1 Formen

Das Relativpronomen hat veränderliche Formen, die meist in der Schriftsprache zu finden sind, und unveränderliche Formen, die in der Umgangssprache und in der Schriftsprache verwendet werden:

unveränderlich	veränderlich
che (Subjekt)	il / la quale i / le quali
che (Objekt)	– – –
Präposition + cui: **da cui / con cui**, etc.	Präposition + il / la quale, i / le quali: **dal/dalla quale**, etc.
bestimmter Artikel + cui: **il / la / i / le cui**	Präposition di + il / la quale, i / le quali: **del / della quale**, etc.

11.2 Gebrauch

che

Che kann sowohl Subjekt als auch direktes Objekt sein. Als Subjekt kann es, vor allem in der Schriftsprache, im Singular durch *il / la quale*, im Plural durch *i / le quali* ersetzt werden:

È una persona che mi piace.	*Sie ist eine Person, die mir gefällt.*
Il ragazzo che ho visto ieri ...	*Der Junge, den ich gestern gesehen habe ...*
Mio zio, che / il quale era famoso per ...	*Mein Onkel, der berühmt war für ...*

11 Relativpronomen

cui / il quale

Cui wird als indirektes Objekt nach Präpositionen gebraucht und in der Schriftsprache häufig durch *il / la quale* bzw. *i / le quali* ersetzt. Achten Sie hier auf die Verschmelzung der Präposition mit dem bestimmten Artikel:

la casa in cui abito	*das Haus, in dem ich wohne*
la casa nella quale abito	*das Haus, in dem ich wohne*
il film di cui parlo	*der Film, über den ich rede*
il film del quale parlo	*der Film, über den ich rede*
l'amica con cui lavoro	*die Freundin, mit der ich arbeite*
l'amica con la quale lavoro	*die Freundin, mit der ich arbeite*

il cui / del quale

Il / la cui, i / le cui wird zur Bildung des Genitivs *(dessen, deren)* verwendet. Auch hier ist die Verschmelzung der Präposition mit dem bestimmten Artikel zu beachten. Der Artikel richtet sich nach dem Objekt:

È un regista i cui film ...	*Er ist ein Regisseur, dessen Filme ...*
È un regista nei cui film ...	*Er ist ein Regisseur, in dessen Filmen ...*

Eine weitere Genitivform des Relativpronomens kann durch *di + il / la quale* bzw. durch *di + i / le quali* gebildet werden. Diese Formen richten sich nach dem Subjekt:

È un regista i film del quale ...	*Er ist ein Regisseur, dessen Filme ...*
È un regista nei film del quale ...	*Er ist ein Regisseur, in dessen Filmen ...*

Weitere Relativpronomen

Außer den bereits erwähnten Relativpronomen gibt es noch die Formen *chi, colui che, colei che, coloro che, quello che, ciò che:*

Chi preferisce restare, lo dica!	*Wer lieber bleiben will, soll es sagen!*
Coloro che lo desiderano, possono partecipare.	*Diejenigen, die es wünschen, können teilnehmen.*
Quello che / ciò che ho detto è vero.	*Was ich gesagt habe ist wahr.*

12 Zahlen, Zahlwörter, Uhrzeit

12.1 Bildung der Grundzahlen

0 zero	20 venti	40 quaranta
1 uno	21 ventuno	50 cinquanta
2 due	22 ventidue	60 sessanta
3 tre	23 ventitré	70 settanta
4 quattro	24 ventiquattro	80 ottanta
5 cinque	25 venticinque	90 novanta
6 sei	26 ventisei	100 cento
7 sette	27 ventisette	101 centouno
8 otto	28 ventotto	102 centodue
9 nove	29 ventinove	103 centotré
10 dieci	30 trenta	200 duecento
11 undici	31 trentuno	300 trecento
12 dodici	32 trentadue	1.000 mille
13 tredici	33 trentatré	1.001 milleuno
14 quattordici	34 trentaquattro	2.000 duemila
15 quindici	35 trentacinque	3.000 tremila
16 sedici	36 trentasei	10.000 diecimila
17 diciassette	37 trentasette	100.000 centomila
18 diciotto	38 trentotto	1.000.000 un milione
19 diciannove	39 trentanove	1.000.000.000 un miliardo

Die Grundzahlen sind mit Ausnahme von *zero / -i, mille/mila, milione / -i* und *miliardo / -i* unveränderlich. Substantive werden an *milione* und *miliardo* mit *di* angeschlossen:

        sessanta milioni di abitanti   *sechzig Millionen Einwohner*

        dieci miliardi di deficit   *zehn Milliarden Defizit*

Die Zehnerzahlen von zwanzig bis neunzig verlieren ihren Endvokal, wenn *uno* oder *otto* folgen, die Zehnerzahlen, die mit *uno* enden, werden in der Regel gekürzt:

        Ha ventinove anni.   *Er/sie ist 29 Jahre alt.*

        Partiamo il ventotto.   *Wir fahren am 28. (ab).*

        fra trentun giorni   *in einunddreißig Tagen*

12 *Zahlen, Zahlwörter, Uhrzeit*

! Beachten Sie, dass das Monatsdatum im Italienischen mit den Grundzahlen
  angegeben wird. Nur der Monatserste bildet eine Ausnahme:

il diciannove novembre	*der neunzehnte November*
Aber: il primo aprile	*der erste April*

Mit *cento* oder *mille* zusammengesetzte Zahlen können sowohl zusammenge-
schrieben *(centodue, milledue)* als auch getrennt durch die Konjunktion *e (cen-
to e due, mille e due)* geschrieben werden.

12.2 Gebrauch der Grundzahlen

Die Grundzahlen werden ähnlich wie im Deutschen auch für die Angabe der
Uhrzeit verwendet. Zunächst wird die volle Stunde, und danach werden die
Minuten (bis zur neununddreißigsten) durch die Konjunktion *e* angeschlossen.
Ab der vierzigsten Minute wird die Uhrzeit durch die Zahl der Folgestunde
angegeben, wobei die Minuten durch *meno* angeschlossen werden. Das Verb
essere steht in der 3. Person Plural:

Che ora è? / che ore sono?	*Wie spät ist es?*
Sono le tre e dieci/e venti.	*Es ist zehn/zwanzig nach drei.*
Sono le due e quindici /	*Es ist fünfzehn nach zwei/*
e un quarto.	*viertel nach zwei.*
Sono le tre meno venti.	*Es ist zwei Uhr vierzig./*
	Es ist zwanzig vor drei.

In den folgenden drei Fällen verhalten sich das Verb *essere* und der Artikel anders:

È l'una e mezzo / e trenta.	*Es ist ein Uhr dreißig.*
È mezzogiorno meno dieci.	*Es ist zehn vor zwölf (Mittag).*
È mezzanotte in punto.	*Es ist genau Mitternacht.*

Während in der Umgangssprache bei der Uhrzeit nur bis zwölf gezählt wird,
zählt man bei offiziellen Zeitangaben bis 24, wobei die Minuten immer durch die
Konjunktion *e* angeschlossen werden:

Sono le tre meno un quarto.	*Es ist viertel vor drei (Nachmittag).*
Sono le quattordici e	*Es ist vierzehn Uhr fünfundvierzig.*
quarantacinque.	

48

Zahlen, Zahlwörter, Uhrzeit **12**

Die Zeitdauer drücken Sie ähnlich wie im Deutschen folgendermaßen aus:

un quarto d'ora	*eine Viertelstunde*
mezz'ora	*eine halbe Stunde*
tre quarti d'ora	*eine Dreiviertelstunde*
un'ora	*eine Stunde*
un'ora e mezzo	*eineinhalb Stunden*

12.3 Bildung der Ordnungszahlen

1°	primo	11°	undicesimo
2°	secondo	12°	dodicesimo
3°	terzo	13°	tredicesimo
4°	quarto	14°	quattordicesimo
5°	quinto	15°	quindicesimo
6°	sesto	16°	sedicesimo
7°	settimo	17°	diciassettesimo
8°	ottavo	18°	diciottesimo
9°	nono	19°	diciannovesimo
10°	decimo	20°	ventesimo

Die Ordnungszahlen richten sich in Geschlecht und Zahl nach ihrem Bezugswort. Bis *10°* werden sie unregelmäßig, ab *11°* werden sie regelmäßig durch Anhängen der Endung -*esimo* an die Grundzahl, die ihren Endvokal verliert, gebildet. Nur die mit *tre* oder *sei* zusammengesetzten Ordnungszahlen behalten ihren Endvokal:

in prima fila	*in der ersten Reihe*
al nono piano	*im neunten Stockwerk*
all'undicesimo piano	*im elften Stockwerk*
il ventitreesimo sulla lista	*der Dreiundzwanzigste auf der Liste*
il ventiseiesimo sulla lista	*der Sechsundzwanzigste auf der Liste*

Schreibt man die Ordnungszahlen als arabische Ziffern, wird im Italienischen im Gegensatz zum Deutschen kein Punkt gesetzt, sondern der Endvokal der Ziffer hochgestellt hinzugefügt:

il 1° capitolo	*das 1. Kapitel*
la 1ª lezione	*die 1. Lektion*

49

12 Zahlen, Zahlwörter, Uhrzeit

12.4 Gebrauch der Ordnungszahlen

Die Ordnungszahlen werden ähnlich wie im Deutschen verwendet, z. B. zur Angabe von Jahrhunderten oder zur näheren Bezeichnung von Königen und Päpsten. Im letzteren Fall entfällt im Italienischen der bestimmte Artikel, die Ordnungszahl wird entweder ausgeschrieben oder in römischen Ziffern geschrieben:

nell'ottavo secolo	*im achten Jahrhundert*
nel 14° secolo	*im 14. Jahrhundert*
Umberto primo	*Umberto der Erste*
Ludovico II	*Ludwig der Zweite*

12.5 Weitere Zahlwörter

Die Grundzahlen verändern ihre Bedeutung durch Anhängen bestimmter Suffixe wie *-enne / -enni, -ina*. Das Suffix *-ina* ist unveränderlich, bedeutet *ungefähr* und wird – außer bei *una dozzina* (ein Dutzend) und *una quindicina* (ungefähr 15) nur an Zehnerzahlen angehängt. Weitere Zahlwörter sind *un centinaio* (ungefähr 100), *un migliaio* (ungefähr 1000):

Quindicenne vorrebbe corrispondere ...	*Fünfzehnjährige(r) wünscht Briefwechsel ...*
fra una decina di giorni	*in ungefähr 10 Tagen*
un migliaio di persone	*ungefähr tausend Leute*
migliaia di macchine	*tausende von Autos*

Die Vervielfältigungszahlen *doppio, triplo* etc. drücken das Vielfache einer Menge aus:

Guadagna il triplo.	*Er verdient dreimal so viel.*
Una camera doppia.	*Ein Doppelzimmer.*

Duplice, triplice beziehen sich dagegen auf etwas, das aus zwei bzw. drei Teile besteht:

la Triplice Alleanza	*die Dreierallianz*
in duplice copia	*in zweifacher Ausfertigung*

13   Adjektiv

Adjektive beschreiben Eigenschaften von Personen oder Sachen. Anhand ihrer Endungen lassen sie sich in bestimmte Gruppen einteilen.

13.1   Formen

a) Adjektive auf *-o* haben unterschiedliche Endungen für Maskulinum, Femininum, Singular und Plural. Zu dieser Gruppe gehört die Mehrheit der Adjektive:

il libro nuov**o**	i libri nuov**i**
das neue Buch	*die neuen Bücher*
la macchina nuov**a**	le macchine nuov**e**
das neue Auto	*die neuen Autos*

b) Adjektive auf *-e* haben zwei unterschiedliche Endungen für Singular und Plural. Sie unterscheiden nicht nach Femininum und Maskulinum:

il cappotto / la gonna verd**e**	i cappotti / le gonne verd**i**
der grüne Mantel/Rock	*die grünen Mäntel/Röcke*

c) Die Adjektive auf *-go* bilden den Plural auf *-ghi*, die Adjektive auf *-co, -ca, -ga, -cio, -gio, -cia, -gia, -ista* bilden ihre weiteren Formen wie die Substantive mit diesen Endungen:

Sono molto simpatici.	*Sie sind sehr nett.*
Mi dai i calzini grigi?	*Gibst du mir die grauen Socken?*
Ha i capelli lunghi.	*Sie hat langes Haar.*

d) Die unregelmäßigen Adjektive *bello* und *buono* bilden ihre Formen je nach Anfangsbuchstaben des Folgewortes. Folgt ihnen kein Substantiv, bilden sie ihre Formen wie die regelmäßigen Adjektive auf *-o*:

	Mask. Sing.	Mask. Pl.
vor Konsonanten:	bel / buon	bei / buoni
vor Vokalen:	bell' / buon	begli / buoni
vor s + Konsonant, z, ps, gn, x, y:	bello / buono	begli / buoni

51

13 | Adjektiv

	Fem. Sing.	Fem. Pl.
vor Konsonanten: vor Vokalen:	bella / buona bell' / buon'	belle / buone belle / buone

È proprio un bel posto.   *Es ist wirklich ein schöner Platz.*
È un posto molto bello.   *Es ist ein sehr schöner Platz.*

e) Das Adjektiv *grande* wird vor Konsonanten oft zu *gran* gekürzt (nicht vor *s* + *Konsonant* oder vor *z*); vor Vokalen wird es gelegentlich apostrophiert:

una gran bella donna   *eine wirklich schöne Frau*
un grand'uomo   *ein großartiger Mann*
un grande onore   *eine große Ehre*

13.2 Unveränderliche Adjektive

Adjektive, die Fremdwörter sind, das Adjektiv *pari* und die mit *pari* zusammengesetzten Adjektive sowie einige Adjektive, die eine Farbe bezeichnen, sind unveränderlich:

una giacca molto chic   *eine sehr schicke Jacke*
delle scarpe molto chic   *sehr schicke Schuhe*

un numero pari / dispari   *eine gerade / ungerade Zahl*
i numeri pari / dispari   *die geraden / ungeraden Zahlen*

la gonna blu   *der blaue Rock*
le scarpe blu   *die blauen Schuhe*

13.3 Angleichung der Adjektive

Im Gegensatz zum Deutschen richten sich die Adjektive im Italienischen immer nach dem Substantiv, das sie begleiten:

Le mie scarpe nuove.   *Meine neuen Schuhe.*
Sono nuove queste scarpe?   *Sind diese Schuhe neu?*

Adjektiv **13**

Bezieht sich ein Adjektiv auf mehrere Substantive gleichen Geschlechts, steht es im Plural und nimmt das Geschlecht der Substantive an:

edifici e musei interessanti	*interessante Gebäude und Museen*
chiese e strade famose	*berühmte Kirchen und Straßen*
un cappello e un abito nuovi	*ein neuer Hut und ein neuer Anzug*

Sind die Substantive, auf die sich das Adjektiv bezieht, verschiedenen Geschlechts, steht es im Maskulinum Plural, wenn es eine prädikative Funktion hat. Das Adjektiv nimmt in der Regel das Geschlecht des ihm am nächsten stehenden Substantivs an, wenn es eine attributive Funktion hat:

Mio zio e mia zia sono	*Mein Onkel und meine Tante*
piuttosto anziani.	*sind ziemlich alt.*
romanzi e commedie moderne	*moderne Romane und Komödien*

13.4 Stellung der Adjektive im Satz

Im Gegensatz zum Deutschen stehen im Italienischen viele Adjektive nach dem Substantiv. Es sind die Adjektive der Farbe, der Form, der Nationalität, der Religions- oder Parteizugehörigkeit, Adjektive, die durch Adverbien näher bestimmt sind, mehrsilbige Adjektive und als Adjektiv verwendete Partizipformen:

il maglione rosso	*der rote Pullover*
la tovaglia rotonda	*die runde Tischdecke*
l'Italia settentrionale	*Norditalien*
il partito socialista	*die Sozialistische Partei*

Einige Adjektive wie *lungo, breve, buono, cattivo, bello, brutto, grande, piccolo, nuovo, vecchio* stehen nur dann nach dem Substantiv, wenn sie eine unterscheidende Funktion haben:

Dammi la valigia piccola!	*Gib mir den kleinen Koffer!*
(non la grande)	*(nicht den großen)*
Ho fatto un piccolo viaggio.	*Ich habe eine kleine Reise gemacht.*

Einige Adjektive, wie zum Beispiel *grande, povero, caro, solo, semplice* verändern ihre Bedeutung, je nachdem, ob sie vor oder nach dem Substantiv stehen:

un grand'uomo	*ein großartiger Mann*
una casa grande	*ein großes Haus*
povera gente	*bedauernswerte Leute*
gente povera	*arme Leute*

53

13 *Adjektiv*

una cara amica	*eine liebe Freundin*
un negozio caro	*ein teures Geschäft*
una sola persona	*eine einzige Person*
una persona sola	*eine allein stehende Person*
una semplice domanda	*nur eine Frage*
una domanda semplice	*eine einfache Frage*

Wird ein Substantiv von mehreren Adjektiven begleitet, so stehen die Adjektive nach dem Substantiv, wenn sie gleichwertig in ihrem Informationsgehalt sind. Sind sie nicht gleichwertig, so steht das unterscheidende Adjektiv nach dem Substantiv, das beschreibende Adjektiv vor dem Substantiv:

un ragazzo educato e simpatico	*ein guterzogener und sympathischer Junge*
un simpatico ragazzo italiano	*ein sympathischer italienischer Junge*

13.5 Steigerung der Adjektive

Die Steigerungsformen der Adjektive sind der Komparativ und der Superlativ. Sie dienen dem Vergleich von Personen, Eigenschaften oder Sachen.

Komparativ

Der Komparativ wird mit Hilfe der Partikel *più ... di / che, meno ... di / che, così ... come* bzw. *tanto ... quanto* gebildet.

Die Vergleichspartikel *di* wird verwendet, um zwei Personen oder Sachen in Bezug auf eine gemeinsame Eigenschaft zu vergleichen:

Mario è più / meno alto di Carlo.	*Mario ist größer / kleiner als Carlo.*
Ho più amici di te.	*Ich habe mehr Freunde als du.*

Che wird verwendet, um zwei Eigenschaften in Bezug auf eine Person oder eine Sache zu vergleichen. Nach *che* folgt in der Regel ein Verb, ein Adverb, ein Adjektiv oder eine Präposition.

Adjektiv **13**

È più simpatico che bello.	*Er ist eher sympathisch als schön.*
In città la vita è più cara che in campagna.	*In der Stadt ist das Leben teurer als auf dem Land.*
Meglio tardi che mai!	*Besser spät als nie!*

Bei *tanto ... quanto, così ... come* kann der erste Teil *(tanto / così)* entfallen:

È (tanto) bella quanto elegante.	*Sie ist ebenso schön wie elegant.*
M. è (così) alta come Carla.	*M. ist so groß wie Carla.*

Superlativ

Es gibt zwei Formen des Superlativs, den relativen und den absoluten Superlativ. Der relative Superlativ wird durch den bestimmten Artikel und *più ... di* gebildet:

il palazzo più moderno di Parigi / della città	*das modernste Gebäude in Paris/ der Stadt*

Der absolute Superlativ wird durch die Endung *-ssimo* gebildet, die an die Maskulin-Plural-Endung des jeweiligen Adjektivs angehängt wird, oder mit Hilfe der Adverbien *molto, tanto* bzw. *proprio*:

Sono ricchi**ssimi.**	*Sie sind sehr reich.*
È una belli**ssima** città.	*Es ist eine wunderschöne Stadt.*
È una città **molto** bella.	*Es ist eine wunderschöne Stadt.*

Einige Adjektive haben im Komparativ und Superlativ sowohl eine regelmäßige wie eine unregelmäßige Form:

	Komparativ	Superlativ
buono	più buono / migliore	buonissimo / ottimo
cattivo	più cattivo / peggiore	cattivissimo / pessimo
piccolo	più piccolo / minore	piccolissimo / minimo
grande	più grande / maggiore	grandissimo / massimo

Die unregelmäßige Form wird meist im übertragenen Sinn verwendet:

una stanza piccolissima	*ein winziges Zimmer*
Non ha il minimo sospetto.	*Er hat nicht den geringsten Verdacht.*

55

14 Adverb

Das Adverb ist unveränderlich. Es gibt Adverbien des Ortes *(qui, lì)*, der Zeit *(presto, tardi)*, der Menge *(poco, molto)*, der Art und Weise *(bene, male)* etc.

14.1 Bildung der Adverbien

Die meisten Adverbien haben eigene, nicht abgeleitete Formen. Lediglich die Adverbien der Art und Weise leiten sich in der Regel aus dem entsprechenden Adjektiv ab und werden durch Anhängen der Endung *-mente* gebildet. Dabei ist Folgendes zu beachten:

Bei Adjektiven mit vier Endungen wie z. B. *raro* wird *-mente* der Feminin-Singular-Form des Adjektivs hinzugefügt:

raro, -a, -i, -e $\longrightarrow$	raramente

Lo vedo raramente.   *Ich sehe ihn selten.*

Bei Adjektiven mit zwei Endungen wie z. B. *veloce* wird *-mente* der Singularform hinzugefügt:

veloce, -i $\longrightarrow$	velocemente

Camminavano velocemente.   *Sie gingen schnell.*

Bei Adjektiven auf *-le* und *-re* wird *-mente* der um den Endvokal gekürzten Singularform hinzugefügt:

personale	$\longrightarrow$	personalmente
regolare	$\longrightarrow$	regolarmente

Lo conosco personalmente.   *Ich kenne ihn persönlich.*
Ci vediamo regolarmente.   *Wir sehen uns regelmäßig.*

Beachten Sie, dass einige Adverbien der Art und Weise unregelmäßig gebildet werden.

56

Adverb **14**

Adjektiv		Adverb
buono	*gut*	bene
cattivo	*schlecht*	male
leggero	*leicht*	leggermente
violento	*heftig*	violentemente

È una buona idea.	*Es ist eine gute Idee.*
Abbiamo mangiato bene.	*Wir haben gut gegessen.*

14.2 Funktion und Anwendung von Adverbien

Adverbien dienen der näheren Bestimmung eines Verbs, eines Adjektivs, eines anderen Adverbs oder eines ganzen Satzes:

Mi piace molto.	*Es gefällt mir sehr.*
Molto lieta!	*Sehr erfreut!*
molto presto	*sehr früh*
Normalmente mi alzo presto.	*Normalerweise stehe ich früh auf.*

14.3 Stellung der Adverbien

Adverbien der Art und Weise und der Menge stehen bei einfachen Zeiten nach dem Verb, bei zusammengesetzten Zeiten nach dem Partizip:

Stiamo bene.	*Uns geht es gut.*
Ho mangiato bene.	*Ich habe gut gegessen.*
Ho mangiato troppo.	*Ich habe zu viel gegessen.*

Adverbien der unbestimmten Zeit wie *sempre, mai, ancora, già, appena* stehen bei einfachen Zeiten nach dem Verb, bei zusammengesetzten Zeiten meist zwischen Hilfsverb und Partizip:

Lo so già.	*Ich weiß es schon.*
Non lo vedo mai.	*Ich sehe ihn nie.*
Hai già finito?	*Bist du schon fertig?*
Ho appena mangiato.	*Ich habe gerade gegessen.*

Subito und *spesso* stehen auch bei zusammengesetzten Zeiten meist nach dem Verb:

L'ho visto spesso.	*Ich habe ihn oft gesehen.*
È venuto subito.	*Er ist sofort gekommen.*

57

14 *Adverb*

Adverbien der Zeit wie *oggi, domani, stasera, stamattina,* die eine etwas genauere Zeitangabe beinhalten und Adverbien des Ortes können sowohl am Satzanfang wie am Satzende stehen:

Stasera lo vedo.	*Ich sehe ihn heute Abend.*
Lo vedo stasera.	*Ich sehe ihn heute Abend.*
Fuori si sta meglio.	*Draußen ist es schöner.*
Si sta meglio fuori.	*Draußen ist es schöner.*

Adverbien, die sich auf einen ganzen Satz beziehen, stehen in der Regel am Satzanfang:

Di solito / normalmente mi alzo alle sette.	*Gewöhnlich stehe ich um sieben Uhr auf.*

14.4 Steigerung der Adverbien

Zahlreiche Adverbien haben wie die Adjektive einen Komparativ und einen Superlativ. Es sind vor allem Adverbien der Art und Weise und einige Adverbien des Ortes und der Zeit.

Adverb	Komparativ	Superlativ
velocemente	più velocemente	velocissimamente molto velocemente
vicino	più vicino	vicinissimo molto vicino

Einige Adverbien haben eine teilweise unregelmäßige Steigerung:

Adverb	Komparativ	Superlativ
bene	meglio	ottimamente benissimo
male	peggio	pessimamente malissimo
molto	più	moltissimo
poco	meno	pochissimo

58

15   Verb: Allgemeines

Das Verb ist das wichtigste Wort im Satz, es stellt lose Wörter in einen Sinnzu-
sammenhang, sagt aus, dass etwas geschieht, wie und wann es geschieht. Das
Verb kann sowohl die Tätigkeit wie die Existenz oder den Zustand des Subjekts
beschreiben:

Lavoro molto.	*Ich arbeite viel.*
Ho lavorato molto.	*Ich habe viel gearbeitet.*
Ci sono vari tipi di …	*Es gibt verschiedene Arten von …*
È molto nervoso.	*Er ist sehr nervös.*

15.1 Verbarten

Transitive Verben

Transitive Verben sind Verben, die ein Akkusativobjekt bei sich haben können;
sie antworten auf die Frage *wen?* oder *was?*

Bevi una birra?	*Trinkst du ein Bier?*
Quando lo vedi?	*Wann siehst du ihn?*

Intransitive Verben

Intransitive Verben sind Verben, die kein Akkusativobjekt bei sich haben kön-
nen; die Handlung bezieht sich allein auf das Subjekt:

Carla è uscita.	*Carla ist ausgegangen.*
Restano / rimangono un mese.	*Sie bleiben einen Monat.*

Reflexive Verben

Verben heißen dann reflexiv, wenn sich die Handlung auf das Subjekt des
Satzes zurückbezieht.

Die reflexiven Verben werden stets von einem Reflexivpronomen (*mi, ti, si, ci,
vi, si*) begleitet:

Mi sento male.	*Ich fühle mich schlecht.*

15 Verb: Allgemeines

Unpersönliche Verben

Diese Verben haben kein bestimmtes Subjekt und werden nur in der 3. Person Singular verwendet. Den unpersönlichen Verben folgt meist ein *dass*-Satz oder eine Infinitivkonstruktion:

Sembra che vada tutto bene.	*Es scheint alles in Ordnung zu sein.*
Bisogna andare!	*Wir müssen gehen!*
Guarda come **nevica**!	*Schau (nur), wie es schneit!*
Conviene partire presto.	*Es ist besser früh loszufahren.*

Hilfsverben *essere* und *avere*

Die Hilfsverben *essere (sein)* und *avere (haben)* dienen im Italienischen dazu, die zusammengesetzten Zeiten (Perfekt, Plusquamperfekt, Futur II, Konditional II) zu bilden:

Sono andato a casa.	*Ich bin nach Hause gegangen.*
Avevo parlato con lui.	*Ich hatte mit ihm gesprochen.*

Modalverben

Mit Hilfe der Modalverben *(dovere, potere, sapere, volere)* können Sie ausdrücken, wie jemand zu einer Sache steht, d. h. ob er etwas machen kann, will oder muss. Modalverben stehen meist in Verbindung mit einem weiteren Verb im Infinitiv, das ohne Präposition an das Modalverb angeschlossen wird:

Posso immaginarmi…	*Ich kann mir vorstellen…*
Devo andarci.	*Ich muss dorthin gehen.*

15.2 Konjugationen

Verben bestehen aus zwei Teilen: dem Verbstamm sowie der Endung. Die Endung ist veränderlich und bestimmt die Person, den Modus und die Zeitform. Anhand ihrer Infinitivendung können die regelmäßigen Verben in drei Gruppen unterteilt werden: Verben auf *-are* (1. Konjugation), Verben auf *-ere* (2. Konjugation und Verben auf *-ire* (3. Konjugation). Im Italienischen gibt es außerdem die Verben mit Stammerweiterung *-isc* und zahlreiche unregelmäßige Verben sowie Mischformen, d. h. Verben die teilweise regelmäßig, teilweise unregelmäßig konjugiert werden (z. B. *andare*, unregelmäßig im Indikativ Präsens, regelmäßig im Imperfekt und im *passato remoto*).

Verb: Allgemeines **15**

15.3 Zeitformen des Verbs

Man unterscheidet zwischen einfachen (Präsens, Imperfekt, *passato remoto*, Futur I, Konditional I) und zusammengesetzten Zeiten (Perfekt, Plusquamperfekt, Futur II, Konditional II). Die einfachen Zeiten werden durch Anhängen bestimmter Endungen an den Verbstamm gebildet. Die zusammengesetzten Zeiten bildet man durch die Hilfsverben und das Partizip Perfekt des Hauptverbs. Wird als Hilfsverb *essere* verwendet, richtet sich das Partizip Perfekt in Zahl und Geschlecht nach dem Subjekt des Satzes, wird *avere* als Hilfsverb verwendet, bleibt das Partizip Perfekt unverändert:

Ida è appena usci**ta**.	*Ida ist gerade ausgegangen.*
Guido e Mario sono usci**ti**.	*Guido und Mario sind ausgegangen.*
Luisa ha dormi**to** bene.	*Luisa hat gut geschlafen.*
Abbiamo dormi**to** bene.	*Wir haben gut geschlafen.*

15.4 Modi des Verbs

Im Italienischen unterscheidet man drei infinite Modi (Infinitiv, Gerundium, Partizip), die nicht konjugiert werden und vier finite Modi (Indikativ, Konjunktiv, Konditional, Imperativ), die konjugiert werden.
Indikativ, Konjunktiv, Konditional und Imperativ werden verwendet, um eine bestimmte Einstellung zum Geschehen wiederzugeben. Mit dem Indikativ wird die Aussage als etwas Wirkliches oder wirklich Glaubhaftes hingestellt. Der Konjunktiv weist auf einen Wunsch, eine Vorstellung oder auf etwas Unsicheres hin. Absicht oder höfliche Aufforderung werden durch den Konditional ausgedrückt. Mit dem Imperativ wird eine Aufforderung oder ein Befehl zum Ausdruck gebracht.

15.5 Zustandsformen des Verbs

Die Zustandsform des Verbs (aktiv - passiv) gibt an, ob das Subjekt des Satzes handelt (aktiv) oder ob sich die Handlung am Subjekt vollzieht (passiv). In einem Aktivsatz steht die handelnde Person oder die Ursache im Vordergrund, im Passivsatz die Handlung selbst:

Aktiv:	Il fuoco ha distrutto l'edificio.	*Das Feuer hat das Gebäude zerstört.*
Passiv:	L'edificio è stato distrutto dal fuoco.	*Das Gebäude ist vom Feuer zerstört worden.*

16 Präsens

16.1 Bildung des Präsens

Die regelmäßigen Verben lassen sich anhand ihrer Infinitivendungen in drei Gruppen einteilen:

1. Konjugation	2. Konjugation	3. Konjugation
-are	**-ere**	**-ire**
comprare	credere	partire

Die Konjugation der Verben erfolgt durch Anhängen bestimmter Endungen an den Verbstamm (der sich in der Regel nicht verändert). Das Präsens lautet:

comprare *kaufen*	credere *glauben*	partire *abfahren*
compr-**o**	cred-**o**	part-**o**
compr-**i**	cred-**i**	part-**i**
compr-**a**	cred-**e**	part-**e**
compr-**iamo**	cred-**iamo**	part-**iamo**
compr-**ate**	cred-**ete**	part-**ite**
compr-**ano**	cred-**ono**	part-**ono**

Verben auf *-care* und *-gare*

Diese Verben behalten die Aussprache [k] bzw. [g] in der gesamten Konjugation. Um diese Ausspracheregel zu erfüllen, muss in der 2. Person Singular und in der 1. Person Plural ein h eingefügt werden:

Giochi anche tu a tennis ?	*Spielst du auch Tennis ?*
Vi preghiamo gentilmente ...	*Wir bitten euch/Sie, höflich ...*

cercare *(ver-)suchen*	pregare *beten, bitten*
cerco	prego
cerchi	preghi
cerca	prega
cerchiamo	preghiamo
cercate	pregate
cercano	pregano

Präsens **16**

Verben auf -_ciare_, -_giare_ und -_iare_

Diese Verben verlieren das _i_ des Stammlautes, wenn die Präsensendung mit _i_ beginnt. Ist jedoch das _i_ des Stammlautes betont (z. B.: _sciare_), wird es in der 2. Person Singular beibehalten.

A che ora cominciamo?	_Um wie viel Uhr fangen wir an?_
Mangi qualcosa con noi?	_Isst du etwas mit uns?_
Dove studi?	_Wo studierst du?_

cominciare _beginnen_	mangiare _essen_	studiare _studieren_	sciare _Ski fahren_
comincio	mangio	studio	scio
cominci	mangi	studi	scii
comincia	mangia	studia	scia
cominciamo	mangiamo	studiamo	sciamo
cominciate	mangiate	studiate	sciate
cominciano	mangiano	studiano	sciano

Verben auf -_cere_ und -_gere_

Die meisten dieser Verben werden regelmäßig konjugiert, es ist lediglich auf die Aussprache des [_c_] bzw. des [_g_] zu achten; sie wird durch den Folgelaut bestimmt (Bei den Verben auf -cere gibt es jedoch einige Ausnahmen!):

Cosa leggi? Leggo …	_Was liest du? Ich lese …_

vincere _siegen_		leggere _lesen_		dipingere _malen_	
vinco	vinciamo	leggo	leggiamo	dipingo	dipingiamo
vinci	vincete	leggi	leggete	dipingi	dipingete
vince	vincono	legge	leggono	dipinge	dipingono

Verben auf -_urre_

Die Verben auf -_urre_ sind im Infinitiv gegenüber ihren lateinischen Vorgängern stärker verändert.
Bei der Konjugation wird auf die lateinische Grundform -_ucere_ zurückgegriffen:

Traduci, per favore?	_Übersetzt du, bitte?_
I negozi riducono i prezzi.	_Die Geschäfte reduzieren die Preise._

16 Präsens

tradurre	produrre	ridurre
übersetzen	*herstellen*	*reduzieren*
traduco	produco	riduco
traduci	produci	riduci
traduce	produce	riduce
traduciamo	produciamo	riduciamo
traducete	producete	riducete
traducono	producono	riducono

Verben auf *-ire* mit Stammerweiterung durch *-isc*

finire	capire	preferire
beenden	*verstehen*	*vorziehen*
finisco	capisco	preferisco
finisci	capisci	preferisci
finisce	capisce	preferisce
finiamo	capiamo	preferiamo
finite	capite	preferite
finiscono	capiscono	preferiscono

Unter den Verben auf *-ire* finden sich viele, deren Wortstamm in der Konjugation des Präsens durch *-isc* erweitert wird. Die wichtigsten finden Sie in der nachfolgenden Tabelle:

abolire	*abschaffen*	guarire	*heilen*
agire	*handeln*	impedire	*verhindern*
chiarire	*erklären*	preferire	*vorziehen*
colpire	*treffen*	proibire	*verbieten*
contribuire	*beitragen*	pulire	*reinigen*
costruire	*bauen*	punire	*bestrafen*
distribuire	*verteilen*	restituire	*zurückgeben*
favorire	*begünstigen*	riferire	*berichten*
ferire	*verletzen*	seppellire	*beerdigen*
finire	*beenden*	sostituire	*ersetzen*
fiorire	*blühen*	sparire	*verschwinden*
fornire	*liefern*	spedire	*senden*
gradire	*gern annehmen*	stabilire	*festsetzen*

64

Präsens **16**

stupire	_verblüffen_	tossire	_husten_
subire	_erleiden_	tradire	_verraten_
suggerire	_einflüstern_	ubbidire	_gehorchen_
starnutire	_niesen_	unire	_vereinigen_

Hilfsverben _essere_ **und** _avere_

Essere und _avere_ werden im Präsens unregelmäßig konjugiert:

essere _sein_	avere _haben_
sono	ho
sei	hai
è	ha
siamo	abbiamo
siete	avete
sono	hanno

16.2 Gebrauch des Präsens

Wenn wir über Handlungen oder Zustände der Gegenwart sprechen, Feststellungen von zeitloser Gültigkeit treffen, oder über Ereignisse in der unmittelbaren Zukunft berichten, benutzen wir als Verbform das Präsens:

Lavoro in banca.	_Ich arbeite in einer Bank._
Me ne occupo io.	_Ich kümmere mich darum._
L'Italia ha un clima mite.	_Italien hat ein mildes Klima._
Partiamo domani.	_Wir fahren morgen ab._

Sicher haben Sie bemerkt, dass lediglich im zweiten Beispiel _(... occupo **io**)_ die Verbform mit dem Personalpronomen verwendet wurde. Dies geschieht im Italienischen nur dann, wenn die betreffende Person besonders hervorgehoben werden soll. Für gewöhnlich entfällt jedoch das Personalpronomen.

Um eine Erzählung lebhafter zu gestalten, können Sie anstelle der Vergangenheitsform das Präsens verwenden:

Stavamo per uscire,	_Wir wollten gerade ausgehen,_
quando **vedo** che …	_da sehe ich, dass …_

65

17 Imperfekt

17.1 Bildung des Imperfekts

Bis auf wenige Ausnahmen wird das Imperfekt regelmäßig gebildet. An den Verbstamm werden die folgenden Imperfektendungen angehängt:

1. Konjugation	2. Konjugation	3. Konjugation
-are	**-ere**	**-ire**
comprare	credere	partire
compra**vo**	crede**vo**	parti**vo**
compra**vi**	crede**vi**	parti**vi**
compra**va**	crede**va**	parti**va**
compra**vamo**	crede**vamo**	parti**vamo**
compra**vate**	crede**vate**	parti**vate**
compra**vano**	crede**vano**	parti**vano**

Die folgenden Verben bilden das Imperfekt aus ihrem lateinischen Verbstamm:

Infinitiv		lateinisch	Imperfekt
dire	*sagen*	dicere	dice**vo**
fare	*machen*	facere	face**vo**
bere	*trinken*	bevere	beve**vo**
tradurre	*übersetzen*	traducere	traduce**vo**
proporre	*vorschlagen*	proponere	propone**vo**

Das Hilfsverb *essere* bildet alle seine Zeitformen, so auch das Imperfekt, unregelmäßig. *Avere* dagegen bildet das Imperfekt regelmäßig:

essere	avere
sein	*haben*
ero	avevo
eri	avevi
era	aveva
eravamo	avevamo
eravate	avevate
erano	avevano

Imperfekt **17**

17.2 Gebrauch des Imperfekts

Man verwendet als Vergangenheitsform das Imperfekt:

a) bei der Beschreibung von seelischen und körperlichen Zuständen oder Merkmalen von Personen und Sachen:

Ero stanco e nervoso.	*Ich war müde und nervös.*
Era una donna molto bella.	*Sie war eine sehr schöne Frau.*

b) bei der Beschreibung von Gegebenheiten und der Schilderung von Gewohnheiten:

La strada era pericolosa.	*Die Straße war gefährlich.*
Si alzavano sempre alle sei.	*Sie standen immer um sechs Uhr auf.*

c) bei Ausschnitten aus einem Handlungsablauf und nach *mentre (während)*, wenn es als Zeitangabe verwendet wird:

Alle sette dormivo ancora.	*Um sieben Uhr schlief ich noch.*
Mentre dormiva ...	*Während er schlief ...*

Bei der Schilderung mehrerer zurückliegender Ereignisse gelten für die Verwendung des Imperfekts bzw. des Perfekts folgende Regeln:

a) Bei mehreren gleichzeitig ablaufenden Vorgängen der Vergangenheit, die in ihrem Handlungsablauf noch nicht abgeschlossen sind, wird das Imperfekt verwendet:

Mentre mangiavo,	*Während ich aß,*	Imperfekt
pensavo a	*dachte ich an ...*	Imperfekt

b) Findet der erste Vorgang noch statt, während der zweite einsetzt, steht ersterer im Imperfekt, der neu einsetzende im Perfekt:

Mentre mangiavo,	*Während ich aß,*	Imperfekt
ha telefonato Carlo.	*hat Carlo angerufen.*	Perfekt

c) Mehrere Ereignisse der Vergangenheit, die sich regelmäßig wiederholt haben bzw. Gewohnheiten darstellen, stehen ausnahmslos im Imperfekt:

Veniva sempre alle otto,	*Er kam immer um acht,*	Imperfekt
beveva un caffè,	*trank einen Kaffee*	Imperfekt
e fumava una sigaretta.	*und rauchte eine Zigarette.*	Imperfekt

17 Imperfekt

d) Mehrere einmalige Ereignisse, die aufeinander folgen, wobei der Folgevorgang erst dann einsetzt, wenn der vorangehende abgeschlossen ist, stehen ausnahmslos im Perfekt:

Si è alzato,	*Er ist aufgestanden,*	Perfekt
ha fatto la doccia	*hat sich geduscht*	Perfekt
e poi è uscito.	*und ist dann ausgegangen.*	Perfekt

Die Verben *sapere* und *conoscere* haben eine unterschiedliche Bedeutung, je nachdem, ob sie im Imperfekt oder im Perfekt stehen:

Non **sapevo** che stessi male.	*Ich wusste nicht, dass es dir schlecht ging* (Imperfekt; *sapere = wissen*).
Ho saputo che hai cambiato casa.	*Ich habe erfahren, dass du umgezogen bist* (Perfekt; *sapere = erfahren*).
Non **conoscevo** nessuno.	*Ich kannte niemanden* (Imperfekt; *conoscere = kennen*).
L'**ho conosciuta** a Roma.	*Ich habe sie in Rom kennen gelernt* (Perfekt; *conoscere = kennen lernen*).

e) Nach Konjunktionen, die eine zeitliche Begrenzung beinhalten (z. B. *allora, quando, appena*) oder eine Folgehandlung einleiten (z. B. *perciò, quindi, così*) steht das Perfekt:

Faceva molto freddo, così siamo rimasti a casa.	*Es war sehr kalt, so sind wir zu Hause geblieben.*
Quando sono arrivato, stavano mangiando.	*Als ich ankam, aßen sie gerade.*

Wird durch die Konjunktion *quando* jedoch ein Zustand oder eine noch andauernde Handlung ausgedrückt, folgt das Imperfekt:

Mia sorella è nata quando io avevo vent'anni.	*Meine Schwester wurde geboren, als ich zwanzig war.*

68

18 Perfekt

18.1 Bildung des Perfekts

Das Perfekt wird, ähnlich wie im Deutschen, durch den Indikativ Präsens der Hilfsverben *essere* und *avere* und das Partizip Perfekt des Hauptverbs gebildet. Das Partizip Perfekt eines Verbs wird gebildet, indem man die Infinitivendungen *-are, -ere, -ire* durch die Partizipendungen *-ato, -uto, -ito* ersetzt (→ Kap. 27.3).

| comprare | | credere | | partire | |
kaufen		*glauben*		*abfahren*	
ho	comprato	ho	creduto	sono	partito / -a
hai	comprato	hai	creduto	sei	partito / -a
ha	comprato	ha	creduto	è	partito / -a
abbiamo	comprato	abbiamo	creduto	siamo	partiti / -e
avete	comprato	avete	creduto	siete	partiti / -e
hanno	comprato	hanno	creduto	sono	partiti / -e

In Verbindung mit *avere* bleibt das Partizip Perfekt unverändert. In Verbindung mit *essere* richtet sich die Partizipendung in Zahl und Geschlecht nach dem Subjekt:

Ho già mangia**to**.	*Ich habe schon gegessen.*
I bambini hanno già mangia**to**.	*Die Kinder haben schon gegessen.*
È già parti**ta** Carla?	*Ist Carla schon weggefahren?*
Marco è rimas**to** a casa.	*Marco ist zu Hause geblieben.*
Quando siete arriva**ti**?	*Wann seid ihr angekommen?*
Sono torna**te** Pia e Linda?	*Sind Pia und Linda schon zurück?*

❗ Besteht das Subjekt aus Substantiven unterschiedlichen Geschlechts, lautet die Partizipendung *-i* (Mask. Plural):

Sono torna**ti** Leo e Carla?	*Sind Leo und Carla schon zurück?*

18 *Perfekt*

Hilfsverb *essere*

Mit *essere* wird das Perfekt der intransitiven Verben gebildet. Dies sind Verben, die kein direktes Akkusativobjekt haben, in der Regel Verben der Bewegung, sowie die Verben *essere (sein)*, *diventare (werden)*, *sembrare (scheinen)*, *stare (sein, bleiben)* und *restare / rimanere (bleiben)*. Auch die reflexiven Verben bilden das Perfekt mit *essere*:

Sono andati / -e in città.	*Sie sind in die Stadt gefahren.*
Ti sei decisa?	*Hast du dich entschieden?*
Dove siete stati / -e?	*Wo seid ihr gewesen?*

Ebenfalls mit *essere* bilden das Perfekt Verben, die atmosphärische Phänomene darstellen wie *nevicare (schneien)*, *piovere (regnen)* etc. In der Umgangssprache wird allerdings häufig auch *avere* verwendet, vor allem wenn die Dauer betont werden soll:

È piovuto / nevicato.	*Es hat geregnet/geschneit.*
Ha nevicato per settimane.	*Es hat wochenlang geschneit.*

! Die Verben *bastare (genügen)*, *costare (kosten)*, *durare (dauern)*, *piacere (gefallen)*, *sembrare (scheinen)*, *servire (brauchen)* bilden das Perfekt im Gegensatz zum Deutschen mit dem Hilfsverb *essere*:

Quanto è costato?	*Wie viel hat es gekostet?*
Ti è piaciuto il libro?	*Hat dir das Buch gefallen?*
Mi è servito molto.	*Es ist mir sehr nützlich gewesen.*
Quanto è durato?	*Wie lange hat es gedauert?*

Begleiten die Verben *dovere (müssen)*, *potere (können)*, *sapere (wissen)* und *volere (wollen)* ein weiteres Verb, so übernehmen sie dessen Hilfsverb und werden selbst ins Partizip Perfekt gesetzt:

Ho dovuto lavorare.	*Ich habe arbeiten müssen.*
Sono dovuta andare via.	*Ich habe weggehen müssen.*
Non ho potuto fare nulla.	*Ich konnte nichts tun.*
Non me l'ha saputo dire.	*Er hat es mir nicht sagen können.*
Non ha saputo rispondere.	*Er konnte nicht antworten.*
Non è voluta venire.	*Sie wollte nicht kommen.*

Perfekt **18**

Hilfsverb *avere*

Mit *avere* wird das Perfekt der transitiven Verben gebildet. Es sind Verben mit einem direkten Objekt, die auf die Frage *was?, wen?* antworten:

Cos'hai comprato?	*Was hast du gekauft?*
Chi avete invitato?	*Wen habt ihr eingeladen?*

Einige Verben der Bewegung (vor allem der Bewegungsart) wie *camminare (gehen, laufen)*, *girare (herumgehen)*, *passeggiare (spazieren gehen)*, *nuotare (schwimmen)*, *sciare (Ski fahren)*, *viaggiare (reisen)* etc. bilden das Perfekt mit dem Hilfsverb *avere*:

Ho nuotato a lungo.	*Ich bin lange geschwommen.*
Abbiamo sciato tutto il giorno.	*Wir sind den ganzen Tag Ski gefahren.*

Die Verben *correre (laufen)* und *saltare (springen)* bilden das Perfekt mit *avere*. Ist jedoch der Ausgangspunkt oder das Ziel der Bewegung angegeben, wird *essere* verwendet:

Hai corso un grande rischio.	*Du bist ein großes Risiko eingegangen.*
Abbiamo corso per un'ora.	*Wir sind eine Stunde gelaufen.*
Siamo corsi a casa.	*Wir sind nach Hause gelaufen.*
È corso via subito dopo pranzo.	*Er ist gleich nach dem Mittagessen weggerannt.*

18.2 Gebrauch des Perfekts

Das Perfekt wird im Italienischen ähnlich wie im Deutschen verwendet. Es berichtet über Ereignisse der jüngeren Vergangenheit oder über Ereignisse, die zwar etwas länger zurückliegen, aber noch von Bedeutung für die Gegenwart sind:

Gli ho appena parlato.	*Ich habe gerade mit ihm gesprochen.*
Ieri sera siamo rimasti a casa.	*Gestern Abend sind wir zu Hause geblieben.*
L'ho visto tre giorni fa.	*Ich habe ihn vor drei Tagen gesehen.*
L'ho conosciuto vent'anni fa e da allora siamo amici.	*Ich habe ihn vor zwanzig Jahre kennen gelernt und seitdem sind wir Freunde.*

71

19   Historisches Perfekt *(passato remoto)*

Das *passato remoto* ist eine Vergangenheitsform, die fast ausschließlich in der Schriftsprache (vor allem in der Literatur) verwendet wird. In der gesprochenen Sprache wird es relativ selten gebraucht und häufig durch das Perfekt ersetzt.

19.1   Bildung des *passato remoto*

Das *passato remoto* wird gebildet, indem an den Verbstamm je nach Konjugation die entsprechende Endung angehängt wird. Die Verben auf *-are* werden mit Ausnahme von *dare, fare* und *stare* (und den mit *dare, fare* und *stare* zusammengesetzten Verben) regelmäßig konjugiert. Die regelmäßigen Verben der 2. Konjugation *(-ere)* haben in der 1. + 3. Pers. Sing. und in der 3. Pers. Plural zwei Formen. Die meisten Verben auf *-ire* (auch die mit Stammerweiterung) werden regelmäßig konjugiert.

Regelmäßige Konjugationen

comprare *kaufen*	credere *glauben*	partire *abfahren*	finire *beenden*
comp**rai**	cred**ei / etti**	part**ii**	fin**ii**
comp**rasti**	cred**esti**	part**isti**	fin**isti**
comp**rò**	cred**é / ette**	part**ì**	fin**ì**
comp**rammo**	cred**emmo**	part**immo**	fin**immo**
comp**raste**	cred**este**	part**iste**	fin**iste**
comp**rarono**	cred**erono / ettero**	part**irono**	fin**irono**

Unregelmäßige Konjugationen

Die Mehrheit der unregelmäßigen Verben gehören zur 2. Konjugation. Viele Verben werden allerdings nur in der 1. und 3. Person Singular und in der 3. Person Plural unregelmäßig konjugiert. In den übrigen Formen bilden sie das *passato remoto* regelmäßig.

Historisches Perfekt (passato remoto) 19

prendere	sapere	volere	scegliere
nehmen	*wissen*	*wollen*	*aussuchen, wählen*
presi	**seppi**	**volli**	**scelsi**
prendesti	sapesti	volesti	scegliesti
prese	**seppe**	**volle**	**scelse**
prendemmo	sapemmo	volemmo	scegliemmo
prendeste	sapeste	voleste	sceglieste
presero	**seppero**	**vollero**	**scelsero**

Bei den Verben *dire, fare, bere, tradurre, proporre* leitet man die 2. Person Singular und die 1. und 2. Person Plural aus ihrem lateinischen bzw. altitalienischen Verbstamm (*dicere, facere, bevere, traducere, proponere*) ab:

dire	fare	bere	tradurre	proporre
sagen	*machen*	*trinken*	*übersetzen*	*vorschlagen*
dissi	feci	bevvi	tradussi	proposi
dicesti	**facesti**	**bevesti**	**traducesti**	**proponesti**
disse	fece	bevve	tradusse	propose
dicemmo	**facemmo**	**bevemmo**	**traducemmo**	**proponemmo**
diceste	**faceste**	**beveste**	**traduceste**	**proponeste**
dissero	fecero	bevvero	tradussero	proposero

Die Hilfsverben *essere* und *avere* werden im *passato remoto* unregelmäßig konjugiert:

essere	avere
sein	*haben*
fui	ebbi
fosti	avesti
fu	ebbe
fummo	avemmo
foste	aveste
furono	ebbero

73

19 *Historisches Perfekt (passato remoto)*

19.2 Gebrauch des *passato remoto*

Man verwendet das *passato remoto* bei der Schilderung historischer bzw. sehr weit zurückliegender Ereignisse, die in sich abgeschlossen sind und keinen Bezug mehr zur Gegenwart haben:

G. Garibaldi morì nel 1882.	*G. Garibaldi starb 1882.*
La conobbi trent'anni fa.	*Ich lernte sie vor 30 Jahren kennen.*

Die Anwendung des *passato remoto* im zweiten Beispiel macht deutlich, dass der Sprecher diese Frau nie wieder getroffen hat.

Haben diese weit zurückliegenden Ereignisse jedoch noch einen Bezug zur Gegenwart, werden sie durch das Perfekt ausgedrückt:

Sono nata nel 1952.	*Ich bin 1952 geboren.*
L'ho conosciuta trent'anni fa	*Ich lernte sie vor 30 Jahren kennen*
(e da allora siamo amiche).	*(und seitdem sind wir Freundinnen).*
Ci siamo sposati nel 1980.	*Wir haben 1980 geheiratet.*

Auch aufeinander folgende sowie neu einsetzende Handlungen, die weit zurückliegen, werden durch das *passato remoto* ausgedrückt:

L'uomo entrò, salutò e	*Der Mann trat ein, grüßte*
cominciò a parlare.	*und fing zu reden an.*
All'improvviso sentii	*Plötzlich hörte ich*
un rumore.	*ein Geräusch.*

20 Plusquamperfekt *(trapassato prossimo e trapassato remoto)*

Im Italienischen gibt es zwei Formen des Plusquamperfekts: das oft gebrauchte *trapassato prossimo* und das seltener gebrauchte *trapassato remoto*.

20.1 Bildung des *trapassato prossimo*

Das *trapassato prossimo* wird aus dem Imperfekt der Hilfsverben *essere* bzw. *avere* und dem Partizip Perfekt des Hauptverbs gebildet; bei den mit *essere* ge-bildeten Formen ist darauf zu achten, das Partizip Perfekt in Zahl und Ge-schlecht dem Subjekt anzugleichen:

vedere *sehen*		arrivare *ankommen*	
avevo	visto	ero	arrivato / -a
avevi	visto	eri	arrivato / -a
aveva	visto	era	arrivato / -a
avevamo	visto	eravamo	arrivati / -e
avevate	visto	eravate	arrivati / -e
avevano	visto	erano	arrivati / -e

20.2 Gebrauch des *trapassato prossimo*

Im Italienischen verwendet man das *trapassato prossimo*, um Ereignisse zu be-schreiben, die bereits abgeschlossen waren, als andere, ebenfalls vergangene Ereignisse stattfanden:

Quando gli ho telefonato, **era** già **uscito**.	*Als ich ihn angerufen habe, war er schon ausgegangen.*

Es wird auch verwendet, um zu betonen, dass zwischen der Gegenwart und ei-nem vergangenen Ereignis ein relativ langer Zeitraum liegt:

Ti ricordi di quel ragazzo di cui ti **avevo parlato** tempo fa?	*Erinnerst du dich an den Jungen, von dem ich dir vor einiger Zeit erzählt habe* (wörtl.: *hatte*)?

75

20 Plusquamperfekt (trapassato prossimo e trapassato remoto)

! In Ausrufesätzen wird im Italienischen häufig das *trapassato prossimo* verwendet, während im Deutschen das Perfekt gebraucht wird:

| Non **avevo** mai **visto** un posto tanto bello! | *Ich habe noch nie einen so schönen Platz (Ort) gesehen!* |

20.3 Bildung des *trapassato remoto*

Das *trapassato remoto* wird aus dem *passato remoto* der Hilfsverben *essere* bzw. *avere* und dem Partizip Perfekt des Hauptverbs gebildet; auch hier ist bei den mit *essere* zusammengesetzten Formen auf die Angleichung des Partizips an das Subjekt in Zahl und Geschlecht zu achten:

vedere sehen		arrivare ankommen	
ebbi	visto	fui	arrivato / -a
avesti	visto	fosti	arrivato / -a
ebbe	visto	fu	arrivato / -a
avemmo	visto	fummo	arrivati / -e
aveste	visto	foste	arrivati / -e
ebbero	visto	furono	arrivati / -e

20.4 Gebrauch des *trapassato remoto*

Das *trapassato remoto* drückt die unmittelbare Vorzeitigkeit gegenüber anderen bereits vergangenen Ereignissen aus und wird fast nur noch in der Schriftsprache verwendet. Bei seiner Anwendung müssen die folgenden drei Voraussetzungen gegeben sein:

a) Es darf nur in Nebensätzen verwendet werden, die durch Konjunktionen wie *(non) appena, dopo che, quando, allorché, finché (non)* etc. eingeleitet werden:

| **Appena** ebbe ricevuto la lettera, ci informò. | *Sobald er den Brief erhalten hatte, benachrichtigte er uns.* |

b) das Verb im Hauptsatz muss im historischen Perfekt *(passato remoto)* stehen:

Appena ebbe sentito il campanello, **corse** alla porta.	*Kaum hatte er die Glocke gehört, eilte er zur Tür.*

c) Zwischen der Handlung im Nebensatz und der im Hauptsatz muss ein eindeutiger Zusammenhang bestehen, wobei die durch das *trapassato remoto* ausgedrückte Handlung unmittelbar vorzeitig sein muss:

Appena se ne fu andato, ci accorgemmo ...	*Kaum war er weg, bemerkten wir ...*

21 Futur I und II

Im Italienischen gibt es zwei Futurformen, das Futur I *(futuro semplice)* und das Futur II *(futuro anteriore)*.

21.1 Bildung des Futur I

Das Futur I wird gebildet, indem man den Infinitiv des Verbs um seinen Endvokal kürzt und die allen Verben gemeinsamen Futurendungen *-ò, -ai, -à, -emo, -ete, -anno* anhängt.

Regelmäßige Konjugationen

Bei den Verben auf *-are* ist darauf zu achten, dass durch die Verlagerung der Betonung das *a* der Infinitivendung zu *e* geschwächt wird (Ausnahmen sind *dare* —→ *darò*, *fare* —→ *farò* und *stare* —→ *starò*):

comprare *kaufen*	credere *glauben*	partire *abfahren*
comprer**ò**	creder**ò**	partir**ò**
comprer**ai**	creder**ai**	partir**ai**
comprer**à**	creder**à**	partir**à**
comprer**emo**	creder**emo**	partir**emo**
comprer**ete**	creder**ete**	partir**ete**
comprer**anno**	creder**anno**	partir**anno**

21 *Futur I und II*

Verben auf *-care* und *-gare*

Um die Gaumenlaute *c* und *g* zu erhalten, wird vor die Futurendung ein *h* gesetzt:

| cercare | *suchen, versuchen* | $\longrightarrow$ | cer**ch**erò |
| pregare | *bitten, beten* | $\longrightarrow$ | pre**gh**erò |

Verben auf *-ciare* und *-giare*

Das *i* der Infinitivendung ist hier lediglich eine Aussprachehilfe. Im Futur I entfällt es, da es durch das *e* entbehrlich geworden ist:

| lasciare | *lassen, verlassen* | $\longrightarrow$ | lascerò |
| mangiare | *essen* | $\longrightarrow$ | mangerò |

Zusammengezogene Formen

Die folgenden Verben verlieren im Futur I beide Vokale ihrer Infinitivendung:

Infinitiv		Futur I	Infinitiv		Futur I
andare	*gehen*	andrò	avere	*haben*	avrò
cadere	*fallen*	cadrò	dovere	*müssen*	dovrò
godere	*genießen*	godrò	potere	*können*	potrò
sapere	*wissen*	saprò	vedere	*sehen*	vedrò
vivere	*leben*	vivrò			

Bei einigen Verben auf *-ere* und *-ire* findet eine noch weitergehende Zusammenziehung statt: Es entfallen beide Vokale ihrer Infinitivendung und zusätzlich ändert sich der letzte Konsonant ihres Wortstamms zu *r*:

!

rimanere	*bleiben*	rimarrò	tenere	*halten*	terrò
venire	*kommen*	verrò	volere	*wollen*	vorrò
bere	*trinken*	berrò[1]			

---

[1] aus der lateinischen Form *bevere*

78

Futur I und II **21**

Hilfsverb *essere*

Das Hilfsverb *essere* wird auch im Futur I unregelmäßig konjugiert:

essere
sein
sarò
sarai
sarà
saremo
sarete
saranno

21.2 Gebrauch des Futur I

Das Futur I wird verwendet, um in der Zukunft liegende Handlungen oder Ereignisse auszudrücken. Sie können durch das Futur I aber auch Unsicherheit, Vermutung, Vorbehalte oder Anweisungen zum Ausdruck bringen:

Passeremo le vacanze al mare.	*Wir werden die Ferien am Meer verbringen.*
... saranno le quattro.	*... es wird wohl vier Uhr sein.*
Avrà pure ragione, ma ...	*Sie werden wohl Recht haben, aber ...*
Per la prossima settimana tradurrete questo testo!	*Für die nächste Woche werdet ihr diesen Text übersetzen!*

Wie im Deutschen werden auch im Italienischen Ereignisse, die in naher Zukunft liegen, vor allem in der Umgangssprache durch das Präsens ausgedrückt. Häufig wird für unmittelbar bevorstehende Ereignisse auch die Wendung *stare per* (im Präsens) + Infinitiv gebraucht:

Gli telefono domani.	*Ich rufe ihn morgen an.*
Partiamo lunedì prossimo.	*Wir fahren nächsten Montag.*
Sto per partire.	*Ich bin im Begriff wegzufahren.*

21 *Futur I und II*

21.3 Bildung des Futur II

Das Futur II wird gebildet, indem man das Futur I der Hilfsverben *essere* bzw.
avere mit dem Partizip Perfekt des Hauptverbs verbindet:

mangiare essen		arrivare ankommen	
avrò	mangiato	sarò	arrivato / -a
avrai	mangiato	sarai	arrivato / -a
avrà	mangiato	sarà	arrivato / -a
avremo	mangiato	saremo	arrivati / -e
avrete	mangiato	sarete	arrivati / -e
avranno	mangiato	saranno	arrivati / -e

21.4 Gebrauch des Futur II

Weit häufiger als im Deutschen wird im Italienischen das Futur II verwendet;
man drückt damit die Vorzeitigkeit gegenüber einem anderen zukünftigen Ereig-
nis aus. Auch Unsicherheit oder Zweifel über vergangene Ereignisse oder Vor-
behalte gegenüber zurückliegenden Vorkommnissen können durch das Futur II
zum Ausdruck gebracht werden:

Mi farò vivo appena sarò arrivato.	*Ich werde mich melden, sobald ich angekommen bin (sein werde).*
Cosa avranno fatto?	*Was werden sie wohl gemacht haben?*
Si sarà comportato male, ma devi ammettere che ...	*Er mag sich schlecht benommen haben, aber du musst zugeben, dass...*

In der Umgangssprache wird statt des Futur II häufg auch das Perfekt verwen-
det:

Appena hai finito, telefona!	*Sobald du fertig bist (sein wirst), ruf an!*

80

22 Konditional I und II

Im Italienischen gibt es zwei Konditionalformen, den Konditional I *(condizionale semplice)* und den Konditional II *(condizionale composto)*.

! Im Unterschied zum Deutschen darf der Konditional nicht durch den Konjunktiv ersetzt werden.

22.1 Bildung des Konditional I

Der Konditional I wird gebildet, indem man den Infinitiv des Verbs um den Endvokal kürzt und die allen Verben gemeinsamen Konditionalendungen
-ei, -esti, -ebbe, -emmo, -este, -ebbero hinzufügt.

Regelmäßige Konjugationen

Bei den Verben auf *-are* ist darauf zu achten, dass durch die Verlagerung der Betonung das *a* der Infinitivendung zu *e* geschwächt wird (Ausnahmen sind die Verben *dare* —→ *darei, fare* —→ *farei, stare* —→ *starei)*:

| comprare | credere | partire |
kaufen	*glauben*	*abfahren*
compre**rei**	crede**rei**	parti**rei**
compre**resti**	crede**resti**	parti**resti**
compre**rebbe**	crede**rebbe**	parti**rebbe**
compre**remmo**	crede**remmo**	parti**remmo**
compre**reste**	crede**reste**	parti**reste**
compre**rebbero**	crede**rebbero**	parti**rebbero**

Verben auf *-care* und *-gare*

Um die Gaumenlaute *c* und *g* zu erhalten, wird vor die Konditionalendung ein *h* gesetzt:

| cercare | *suchen, versuchen* | —→ | cerc**h**erei |
| pregare | *bitten, beten* | —→ | preg**h**erei |

81

22 Konditional I und II

Verben auf -*ciare* und -*giare*

Das *i* der Infinitivendung ist hier lediglich eine Aussprachehilfe. Im Konditional I entfällt es, da es durch das *e* entbehrlich geworden ist:

lasciare *lassen, verlassen* ⟶ lascerei
mangiare *essen* ⟶ mangerei

Zusammengezogene Formen

Die folgenden Verben verlieren im Konditional I beide Vokale ihrer Infinitivendung:

Infinitiv		Konditional	Infinitiv		Konditional
andare	*gehen*	andrei	avere	*haben*	avrei
cadere	*fallen*	cadrei	dovere	*müssen*	dovrei
godere	*genießen*	godrei	potere	*können*	potrei
sapere	*wissen*	saprei	vedere	*sehen*	vedrei
vivere	*leben*	vivrei			

Bei einigen Verben auf -*ere* und -*ire* findet eine noch weitergehende Zusammenziehung statt: Es entfallen beide Vokale ihrer Infinitivendung und zusätzlich ändert sich der letzte Konsonant ihres Wortstamms zu *r*:

! rimanere *bleiben* ⟶ rimarrei   tenere *halten* ⟶ terrei
venire *kommen* ⟶ verrei   volere *wollen* ⟶ vorrei
bere *trinken* ⟶ berrei[1]

Hilfsverb *essere*

Das Hilfsverb *essere* wird auch im Konditional I unregelmäßig konjugiert:

essere *sein*	
sarei	saremmo
saresti	sareste
sarebbe	sarebbero

[1] aus der lateinischen Form *bevere*

82

22.2 Gebrauch des Konditional I

Der Konditional I wird verwendet, um höflich zu fragen, zu bitten, etwas anzubieten oder vorzuschlagen:

Potresti aiutarmi?	*Könntest du mir helfen?*
Vorrebbe un caffè?	*Möchten Sie einen Kaffee?*

Um Wünsche oder Absichten zu äußern:

Mi piacerebbe andarci.	*Ich würde gerne hinfahren/-gehen.*

Um eine freundliche Aufforderung, einen Zweifel oder die persönliche Meinung vorsichtig zu äußern:

Dovresti smetterla!	*Du solltest damit aufhören!*
Non so se sarebbero d'accordo anche loro.	*Ich weiß nicht, ob auch sie damit einverstanden wären.*
Io direi / consiglierei di rimandare la seduta.	*Ich würde empfehlen, die Sitzung zu vertagen.*

22.3 Bildung des Konditional II

Der Konditional II eines Verbs wird gebildet, indem man die Hilfsverben *avere* oder *essere* in den Konditional I setzt und mit dem Partizip Perfekt des Hauptverbs verbindet:

comprare *kaufen*		partire *abfahren*	
avrei	comprato	sarei	partito / -a
avresti	comprato	saresti	partito / -a
avrebbe	comprato	sarebbe	partito / -a
avremmo	comprato	saremmo	partiti / -e
avreste	comprato	sareste	partiti / -e
avrebbero	comprato	sarebbero	partiti / -e

22 Konditional I und II

22.4 Gebrauch des Konditional II

Der Konditional II wird verwendet, um Wünsche, Absichten, Aufforderungen oder Zweifel in der Vergangenheit auszudrücken:

Mi sarebbe piaciuto andarci, ma non ho potuto.	*Ich wäre gerne hingegangen, aber ich konnte nicht.*
Avreste dovuto smetterla!	*Ihr hättet aufhören sollen!*
Non so se sarebbero stati d'accordo anche loro.	*Ich weiß nicht, ob auch sie damit einverstanden gewesen wären.*

Mit dem Konditional II kann man im Italienischen auch eine(n) in der Zukunft nicht realisierbare(n) Absicht (Wunsch) ausdrücken:

(Domani) Vi avrei accompagnato, ma non posso.	*Ich würde euch (morgen) gerne begleiten, aber ich kann nicht.*
Stasera sarei andata volentieri a teatro, ma non c'erano più biglietti.	*Heute Abend wäre ich gerne ins Theater gegangen, aber es gab keine Karten mehr.*

Auch die Nachzeitigkeit in der Vergangenheit wird mit dem Konditional II wiedergegeben:

Ero sicura che mi avrebbe telefonato.	*Ich war sicher, dass er mich anrufen würde.*

Zur Anwendung des Konditionals in Bedingungssätzen → Kap. 31.
Zur Anwendung des Konditionals in der indirekten Rede → Kap. 32.

23 Konjunktiv

23.1 Bildung des Konjunktivs

Der Konjunktiv hat vier Zeitformen: Konjunktiv Präsens, Konjunktiv Imperfekt, Konjunktiv Perfekt, Konjunktiv Plusquamperfekt.

Konjunktiv Präsens

Da im Konjunktiv Präsens die drei Singularformen gleichlautend sind, empfiehlt es sich, zur genauen Bestimmung des Subjekts die Subjektpronomen *(io, tu, lui, lei, Lei)* mitzuverwenden. Die Endung der 1. Person Plural *-iamo* ist mit dem Indikativ Präsens identisch. Dies haben alle Verben gemeinsam. Ebenso die Endung der 2. Person Plural *-iate*:

	comprare *kaufen*	credere *glauben*	partire *abfahren*
che io	com**pri**	cred**a**	part**a**
che tu	com**pri**	cred**a**	part**a**
che lui, lei, Lei	com**pri**	cred**a**	part**a**
che noi	com**priamo**	cred**iamo**	part**iamo**
che voi	com**priate**	cred**iate**	part**iate**
che loro, Loro	com**prino**	cred**ano**	part**ano**

Die Verben auf *-care* und *-gare* fügen - um den Gaumenlaut zu erhalten - vor der Konjunktivendung ein *h* ein; die Verben mit Stammerweiterung behalten ihre Unregelmäßigkeit auch im Konjunktiv:

	cercare *(ver)suchen*	pregare *bitten, beten*	finire *beenden*
che io	cer**chi**	pre**ghi**	fin**isca**
che tu	cer**chi**	pre**ghi**	fin**isca**
che lui, lei, Lei	cer**chi**	pre**ghi**	fin**isca**
che noi	cer**chiamo**	pre**ghiamo**	fin**iamo**
che voi	cer**chiate**	pre**ghiate**	fin**iate**
che loro, Loro	cer**chino**	pre**ghino**	fin**iscano**

23 *Konjunktiv*

Die Hilfsverben *avere* und *essere* sind im Konjunktiv Präsens unregelmäßig:

	avere *haben*	essere *sein*
che io	abbia	sia
che tu	abbia	sia
che lui, lei, Lei	abbia	sia
che noi	abbiamo	siamo
che voi	abbiate	siate
che loro, Loro	abbiano	siano

Konjunktiv Imperfekt

Die meisten Verben bilden den Konjunktiv Imperfekt regelmäßig:

	comprare *kaufen*	credere *glauben*	finire *beenden*
che io	comprassi	credessi	finissi
che tu	comprassi	credessi	finissi
che lui, lei, Lei	comprasse	credesse	finisse
che noi	comprassimo	credessimo	finissimo
che voi	compraste	credeste	finiste
che loro, Loro	comprassero	credessero	finissero

Zu den wenigen Ausnahmen zählen:

	essere *sein*	stare *sein*	dare *geben*
che io	fossi	stessi	dessi
che tu	fossi	stessi	dessi
che lui, lei, Lei	fosse	stesse	desse
che noi	fossimo	stessimo	dessimo
che voi	foste	steste	deste
che loro, Loro	fossero	stessero	dessero

Konjunktiv **23**

Bei den folgenden Verben greift man bei der Bildung des Konjunktiv Imperfekt auf den lateinischen Ursprung des Verbs zurück:

Verb	lateinisch	Konjunktiv Imperfekt
bere	bevere	bevessi, etc.
dire	dicere	dicessi, etc.
fare	facere	facessi, etc.
tradurre*	traducere	traducessi, etc.
proporre*	proponere	proponessi, etc.

* ebenso die weiteren Verben auf _-urre_ und auf _-orre_

Konjunktiv Perfekt

Der Konjunktiv Perfekt wird mit dem Konjunktiv Präsens der Hilfsverben _essere_ und _avere_ und dem Partizip Perfekt des Hauptverbs gebildet:

	comprare _kaufen_	partire _abfahren_
che io	abbia comprato	sia partito / **-a**
che tu	abbia comprato	sia partito / **-a**
che lui, lei, Lei	abbia comprato	sia partito / **-a**
che noi	abbiamo comprato	siamo partiti / **-e**
che voi	abbiate comprato	siate partiti / **-e**
che loro, Loro	abbiano comprato	siano partiti / **-e**

Konjunktiv Plusquamperfekt

Der Konjunktiv Plusquamperfekt wird mit dem Konjunktiv Imperfekt der Hilfsverben _essere_ bzw. _avere_ und dem Partizip Perfekt des Hauptverbs gebildet:

comprare _kaufen_	
che io avessi comprato	che noi avessimo comprato
che tu avessi comprato	che voi aveste comprato
che lui, lei, Lei avesse comprato	che loro, Loro avessero comprato

87

23 *Konjunktiv*

partire
abfahren

che io fossi partito / -a	che noi fossimo partiti / -e
che tu fossi partito / -a	che voi foste partiti / -e
che lui, lei, Lei fosse partita / -a	che loro, Loro fossero partiti / -e

23.2 Gebrauch des Konjunktivs

Der Konjunktiv wird vor allem gebraucht, um eine subjektive Einstellung des Sprechers zu bestimmten Ereignissen oder Sachverhalten wiederzugeben, wie zum Beispiel Zweifel, Hoffnung, Erwartung, Unsicherheit etc. Außerdem gibt es im Italienischen einige Konjunktionen und Indefinitpronomen, die den Konjunktiv verlangen.

Der Konjunktiv in Hauptsätzen

Mit dem Konjunktiv drücken Sie in Hauptsätzen Wünsche, Aufforderungen, Zugeständnisse, Bewunderung oder Zweifel aus:

Dio ti benedica!	*Gott segne dich!*
Non l'avessi mai detto!	*Hätte ich es doch nie gesagt!*
Vedessi che macchina!	*Wenn du nur das Auto sehen würdest!*
Che stia male?	*Ob es ihm wohl schlecht geht?*

Der Konjunktiv in Nebensätzen

Nach bestimmten Verben und Ausdrücken wird im Italienischen der Konjunktiv verwendet.

a) Nach Verben und Ausdrücken der Unsicherheit und des Zweifels:

Credo che siano partiti.	*Ich glaube, dass sie weggefahren sind.*
Non sono sicuro che siano partiti.	*Ich bin nicht sicher, ob sie weggefahren sind.*

b) Nach Verben und Ausdrücken des Wollens, der Hoffnung, des Erwartens und des Wünschens:

Voglio che tu mi dica tutto.	*Ich will, dass du mir alles sagst.*

Konjunktiv **23**

Spero che vengano.	_Ich hoffe, dass sie kommen._
Aspetto che rispondano	_Ich warte, dass sie auf meinen Brief_
alla mia lettera.	_antworten._

c) Nach Verben und Ausdrücken der persönlichen Meinung und der Gefühle:

Penso che sia giusto.	_Ich denke, dass es richtig ist._
Siamo contenti che veniate.	_Wir sind froh, dass ihr kommt._

! Nach den Ausdrücken _secondo me (meiner Meinung nach)_ und _sono sicuro_
(ich bin sicher) steht nicht der Konjunktiv, sondern der Indikativ.

d) Nach vielen unpersönlichen Verben und Ausdrücken steht ebenfalls der Kon-
junktiv:

Bisogna che tu lo faccia.	_Du musst es tun._
È strano che non abbia	_Es ist seltsam, dass er nicht_
telefonato.	_angerufen hat._

e) Nach vielen Konjunktionen, die einen Zweck, eine Bedingung oder eine Ein-
räumung (Konzession) ausdrücken:

Perché / affinché tu capisca ...	_Damit du verstehst..._
A patto che / purché tu me	_Vorausgesetzt, du gibst es mir sofort_
lo renda subito ...	_zurück ..._
Benché l'avessero avvertito...	_Obwohl sie ihn gewarnt hatten ..._

Folgende Konjunktionen lösen ebenfalls den Konjunktiv aus:

come se	_als ob_
qualora / nel caso che	_falls_
sebbene / nonostante	_obwohl_
malgrado	_obwohl_
comunque	_wie auch immer_
senza che	_ohne dass_
prima che	_bevor_

f) Auch Indefinitpronomen wie _chiunque (wer auch immer), qualunque, qualsia-_
si (wer/was auch immer) comunque (wie auch immer) sowie das Adverb _do-_
vunque (wo auch immer) ziehen den Konjunktiv nach sich:

Chiunque lo dica ...	_Wer auch immer es sagt ..._
Dovunque tu vada ...	_Wo auch immer du gehst ..._
È il solo che conosca.	_Er ist der Einzige, den ich kenne._

89

23 *Konjunktiv*

g) In Relativsätzen, die eine Erwartung, Forderung oder Bedingung enthalten und in sogenannten *„inversioni"*, d. h. Satzkonstruktionen, in denen der *che-Satz* dem Hauptsatz vorangeht, wird der Konjunktiv verwendet:

Cercano qualcuno che sappia l'italiano.	*Sie suchen jemand, der Italienisch kann.*
Che si dia arie lo sanno tutti.	*Dass er eingebildet ist, weiß jeder.*

23.3   Zeitenfolge in konjunktivischen Nebensätzen

Ausgangspunkt Gegenwart

Steht das Verb des Hauptsatzes im Präsens, sind im Nebensatz folgende Zeitformen zu verwenden:

Hauptsatz	Nebensatz	
		(...gestern, damals, früher)
	Konj. Perfekt	**sia venuto** da solo. *alleine gekommen ist.*
	Konditional II	**sarebbe venuto** volentieri con noi. *gerne mit uns gekommen wäre.*
(jetzt, heute) Penso che lui *Ich denke, dass er*		(...jetzt, heute)
	Konj. Präsens	**venga / stia** venendo. *kommt / gerade kommt.*
	Konditional I	**verrebbe** volentieri con noi. *gerne mit uns kommen würde.*
	Konditional II	**sarebbe venuto** volentieri con noi, ma non ha tempo. *gerne mit uns kommen würde, aber er hat keine Zeit.*

90

Konjunktiv **23**

		(...morgen, später, in Zukunft)
	Konj. Präsens	**venga** domani. _morgen kommt._
(jetzt, heute) Penso che lui _Ich denke,_ _dass er_	Futur I	**verrà** domani. _morgen kommen wird._
	Konditional I	**verrebbe** volentieri con noi. _gerne mit uns kommen würde._
	Konditional II	**sarebbe venuto** volentieri con noi, ma non ha tempo. _gerne mit uns kommen würde, aber er_ _hat keine Zeit._

Ausgangspunkt Vergangenheit

Steht das Verb des Hauptsatzes in der Vergangenheit oder im Konditional, sind im Nebensatz folgende Zeitformen zu verwenden:

Hauptsatz	**Nebensatz**	
		(...gestern, damals früher)
	Konj. Plusq.	**fosse venuto** con loro. _mit ihnen gekommen wäre._
(damals, früher) Pensai / Ho pensato / Pensavo che _Ich dachte,_ _dass er_		(...gleichzeitig in der Vergangenheit)
	Konj. Imperfekt	**venisse / stesse** venendo. _käme/gerade käme._
		(...später in der Vergangenheit)
	Konj. Imperfekt	**venisse** con noi. _mit uns kommen würde._
	Konditional II	**sarebbe venuto** con noi. _mit uns kommen würde._

91

23 *Konjunktiv*

! Unabhängig vom Ausgangspunkt Gegenwart ist nach Verben, die den Konjunktiv verlangen, Folgendes zu beachten:

Um Gewohnheiten bzw. Zustände oder Merkmale darzustellen, wird immer der Konjunktiv Imperfekt verwendet, auch wenn das Verb des Hauptsatzes im Präsens steht:

Penso che **stesse** male.	*Ich denke, dass es ihm schlecht ging.*
Dicono che **fosse** molto bella.	*Man sagt, sie sei sehr schön gewesen.*

23.4   Infinitiv statt Konjunktiv

In Nebensätzen wird der Konjunktiv durch di + Infinitiv ersetzt, wenn Haupt- und Nebensatz das gleiche Subjekt haben:

Penso di poterlo convincere.	*Ich denke, dass ich ihn überreden kann.*
(Io) penso che lui lo possa convincere.	*Ich denke, dass er ihn überzeugen kann.*
Pensavo di poterlo convincere.	*Ich dachte, ihn überzeugen zu können.*
(Io) pensavo che lui lo potesse convincere.	*Ich dachte, dass er ihn überzeugen könnte.*

Dasselbe gilt auch nach unpersönlichen Ausdrücken:

È meglio dirglielo.	*Es ist besser, es ihm zu sagen.*
È meglio che tu glielo dica.	*Es ist besser, dass du es ihm sagst.*

24 Imperativ

24.1 Bildung des Imperativs

Die Bildung des Imperativs erfolgt durch Anhängen der Imperativendungen an den Verbstamm.

Regelmäßige Verben

Die 1. und 2. Person Plural sind bei allen drei Konjugationen mit dem Indikativ Präsens identisch. Dies gilt bei der 2. Konjugation *(-ere)* und 3. Konjugation *(-ire)* auch für die 2. Person Singular. Die 3. Person Singular und Plural entsprechen dem Konjunktiv Präsens.

	comprare *kaufen*	credere *glauben*	partire *abfahren*
(tu)	compra	credi	parti
(Lei)	compri	creda	parta
(noi)	compriamo	crediamo	partiamo
(voi)	comprate	credete	partite
(Loro)	comprino	credano	partano

Verben auf *-care* und *-gare*

Um den Gaumenlaut zu erhalten fügen die Verben auf *-care* und *-gare* in der 3. Person Singular und Plural und in der 1. Person Plural ein *h* ein. Die Verben auf *-cere, -gere, -ciare, -giare, -urre* und die Verben mit Stammerweiterung haben im Imperativ die gleichen Besonderheiten wie im Indikativ Präsens.

	cercare *(ver)suchen*	leggere *lesen*	finire *beenden*
(tu)	cerca	leggi	finisci
(Lei)	cerchi	legga	finisca
(noi)	cerchiamo	leggiamo	finiamo
(voi)	cercate	leggete	finite
(Loro)	cerchino	leggano	finiscano

24 Imperativ

Verkürzte Form der 2. Person Singular

Bei den Verben *andare, dare, dire, fare* und *stare* wird die 2. Person Singular häufig gekürzt und apostrophiert:

	andare *gehen*	dare *geben*	fare *machen*	stare *sein, bleiben*
(tu)	vai / va'	dai / da'	fai / fa'	stai / sta'
(Lei)	vada	dia	faccia	stia
(noi)	andiamo	diamo	facciamo	stiamo
(voi)	andate	date	fate	state
(Loro)	vadano	diano	facciano	stiano

Verneinter Imperativ

Der verneinte Imperativ der 2. Person Singular wird durch *non* + *Infinitiv* gebildet. In allen anderen Fällen durch Voranstellen von *non* vor die Imperativform:

Non gridare!	*Schrei nicht!*
Non gridate!	*Schreit nicht!*

24.2 Gebrauch des Imperativs

Befehle, Aufforderungen, Wünsche oder Anweisungen drücken Sie durch den Imperativ aus:

Spenga la luce!	*Schalten Sie das Licht aus!*
Siediti![1]	*Setz dich!*
Si sieda!	*Setzen Sie sich!*

Der Imperativ wird durch den Infinitiv ersetzt, wenn es sich um Aufforderungen an die Allgemeinheit handelt, wie zum Beispiel in Gebrauchsanweisungen, Kochrezepten etc.:

Non affrancare!	*Nicht frankieren!*
Compilare il modulo!	*Das Formular ausfüllen!*

Im Italienischen wird häufig statt der formellen Anrede in der 3. Person Plural die 2. Person Plural verwendet:

Accomodatevi!	*Nehmen Sie (nehmt) Platz!*
Venite pure!	*Kommen Sie (kommt) nur!*

[1] Zu den Personalpronomen beim Imperativ → Kap. 6.5

25 Infinitiv

Der Infinitiv hat zwei Formen: Infinitiv Präsens und Infinitiv Perfekt.

25.1 Bildung des Infinitiv Präsens

Die häufigsten Infinitivendungen sind *-are, -ere, -ire* (bei reflexiven Verben *-arsi, -ersi, -irsi*):

lavare	decidere	sentire
waschen	*entscheiden*	*hören*
lavarsi	decidersi	sentirsi
sich waschen	*sich entscheiden*	*sich fühlen*

Einige Verben bilden den Infinitiv auf *-arre, -orre, -urre*:

protrarre	proporre	tradurre
in die Länge ziehen,	*vorschlagen*	*übersetzen*
verzögern		

25.2 Gebrauch des Infinitiv Präsens

Der Infinitiv Präsens wird als verneinter Imperativ in der 2. Person Singular oder als Aufforderung an die Allgemeinheit verwendet:

Non pensarci!	*Denk nicht daran!*
Non fare tanto rumore!	*Mach nicht so einen Lärm!*
Agitare prima dell'uso!	*Vor Gebrauch schütteln!*

Der Infinitiv kann auch einen Relativsatz verkürzen oder eine Voraussetzung ausdrücken:

È stato il solo ad aiutarmi (che mi ha aiutato).	*Er ist der Einzige gewesen, der mir geholfen hat.*
A pensarci bene, non sono d'accordo.	*Wenn ich es mir recht überlege, bin ich nicht einverstanden.*

25 *Infinitiv*

Der Infinitiv kann auch als Substantiv verwendet werden, er nimmt als Genus das Maskulinum an und wird mit dem bestimmten Artikel verwendet:

Il suo insistere mi dà ai nervi.	*Sein Insistieren geht mir auf die Nerven.*

25.3 Bildung des Infinitiv Perfekt

Der Infinitiv Perfekt wird mit *essere* bzw. *avere* und dem Partizip Perfekt des Hauptverbs gebildet (zur Anwendung der Hilfsverben → Kap. 18.1):

avere sentito	*gehört (zu) haben*
essere tornato	*zurückgekehrt (zu) sein*

25.4 Gebrauch des Infinitiv Perfekt

Der Infinitiv Perfekt wird vor allem in Nebensätzen verwendet, um die Vorzeitigkeit einer Handlung gegenüber einer anderen wiederzugeben, oder um Relativsätze zu verkürzen (das Subjekt im Haupt- und im Nebensatz muss aber ein und dieselbe Person sein):

Credo di aver capito.	*Ich glaube verstanden zu haben.*
È stato il solo ad avermi aiutato.	*Er ist der Einzige gewesen, der mir geholfen hat.*

25.5 Besonderheiten

Kürzung des Infinitivs

Beachten Sie, dass der Infinitiv in der Regel um seinen Endvokal gekürzt wird, wenn ein weiterer Infinitiv oder ein Partizip Perfekt folgt:

Mi potrebbe far vedere ...?	*Könnten Sie mir ... zeigen?*
Credo di aver fatto un errore.	*Ich glaube, dass ich einen Fehler gemacht habe.*

Infinitiv **25**

Anschluss des Infinitivs ohne Präposition

Der Infinitiv wird ohne Präposition angeschlossen nach:

unpersönlichen Verben:	Basta tentare. _Man muss es nur versuchen._
unpersönlichen Ausdrücken:	È meglio parlarne. _Es ist besser, darüber zu reden._
Modalverben:	Può richiamare più tardi? _Können Sie später noch einmal anrufen?_
Verben der Wahrnehmung:	Li sento parlare. _Ich höre sie sprechen._
fare / lasciare:	Lasciami stare! _Lass mich in Ruhe!_
Ausrufen mit _che_:	Che piacere rivederti! _Welche Freude, dich wiederzusehen!_

Der Infinitiv wird nach bestimmten Verben und Ausdrücken mit Präpositionen angeschlossen:

Anschluss mit der Präposition _a_

Nach Verben der Bewegung:	Vado a lavorare. _Ich gehe arbeiten._
Nach Verben des Bleibens:	Resto a dormire da mia zia. _Ich übernachte bei meiner Tante._
Nach Verben des Beginnens:	Cominciamo a lavorare! _Fangen wir an zu arbeiten!_
Nach Verben des Fortsetzens:	Continuate a studiare! _Lernt weiter!_

Viele weitere Verben schließen den Infinitiv ebenfalls mit der Präposition _a_ an, die wichtigsten finden Sie in der folgenden Übersicht:

abituarsi	_sich gewöhnen_	costringere	_zwingen_
aiutare	_helfen_	decidersi	_sich entscheiden_
cavarsela	_zurechtkommen_	divertirsi	_sich vergnügen_
convincere	_überzeugen_	farcela	_es schaffen_

97

25 Infinitiv

impegnarsi	*sich bemühen*	rassegnarsi	*resignieren*
invitare	*einladen*	rinunciare	*verzichten*
obbligare	*zwingen*	spingere	*anspornen*
prepararsi	*sich vorbereiten*	tenere	*Wert legen auf*

Anschluss mit der Präposition *di*

Oft nach *avere* + Substantiv: Ho voglia di andarci.
Ich habe Lust dorthin zu gehen.

Oft nach *essere* + Adjektiv: Sono contenta di partire.
Ich freue mich wegzufahren.

Viele Verben schließen den Infinitiv ebenfalls mit der Präposition *di* an:

aspettare	*warten*	pentirsi	*bereuen*
augurare(-arsi)	*(sich) wünschen*	permettere	*erlauben*
cercare	*versuchen*	pregare	*bitten*
cessare	*aufhören*	proibire	*verbieten*
confessare	*gestehen*	promettere	*versprechen*
credere	*glauben*	ricordare(-arsi)	*sich erinnern*
decidere	*entscheiden*	rifiutare	*ablehnen*
dimenticare	*vergessen*	ringraziare	*danken*
evitare	*vermeiden*	rischiare	*riskieren*
fingere	*so tun als ob*	(s)consigliare	*(ab)raten*
finire	*beenden*	smettere	*aufhören*
incaricare	*beauftragen*	sognare	*träumen*
lamentarsi	*sich beklagen*	sperare	*hoffen*
meravigliarsi	*staunen*	temere	*fürchten*
meritare	*verdienen*	tentare	*versuchen*

Anschluss mit der Präposition *da*

Der Infinitiv wird mit der Präposition *da* angeschlossen, um eine Notwendigkeit auszudrücken:

Ho da sbrigare alcune cose. *Ich muss einige Dinge erledigen.*
una cosa da discutere *eine Sache, die diskutiert werden muss*

Nach Indefinitpronomen wie *qualcosa, niente, poco, molto* etc.:

Vuoi qualcosa da bere? *Willst du etwas zu trinken?*

Nach *astenersi (sich enthalten), dissuadere (abraten), guardarsi (sich hüten)*:

Dissuadila dal partire! *Rate ihr von der Reise ab!*

26 Gerundium

Das Gerundium hat zwei Formen: Einfaches Gerundium *(gerundio semplice)* und zusammengesetztes Gerundium *(gerundio composto)*.

26.1 Bildung des *gerundio semplice*

Das *gerundio semplice* wird gebildet, indem je nach Konjugation die Infinitivendungen *-are* durch *-ando* und *-ere / -ire* durch *-endo* ersetzt werden:

Infinitiv		*gerundio semplice*
compr**are**	*kaufen*	compr**ando**
cred**ere**	*glauben*	cred**endo**
part**ire**	*abfahren*	part**endo**

Bei einigen Verben wird das Gerundium aus deren lateinischer Urform gebildet:

Infinitiv		lateinisch	*gerundio semplice*
bere	*trinken*	**bev**ere	bevendo
dire	*sagen*	**dic**ere	dicendo
fare	*machen*	**fac**ere	facendo
tradurre	*übersetzen*	**traduc**ere	traducendo

26.2 Gebrauch des *gerundio semplice*

Das *gerundio semplice* wird verwendet, um die Gleichzeitigkeit von zwei Handlungen auszudrücken. Voraussetzung ist jedoch, dass beide Handlungen das gleiche Subjekt haben:

Vedendoci sorrise.   *Als er uns sah, lächelte er.*

Andando in ufficio,   *Wenn ich ins Büro gehe,*
vedo sempre Carlo.   *sehe ich immer Carlo.*

26 *Gerundium*

Das *gerundio semplice* dient zur Angabe der Art und Weise und des Grundes:

Ho passato le vacanze leggendo.	*Ich habe die Ferien mit Lesen verbracht.*
Essendo un attore famoso, ...	*Da er ein bekannter Schauspieler ist, ...*

Auch eine Bedingung kann durch das *gerundio semplice* ausgedrückt werden:

Passando di lì, fai più in fretta.	*Wenn du dort durchgehst, bist du schneller.*

! *Stare + gerundio semplice* drücken das momentane Geschehen aus:

Sta dormendo.	*Er schläft gerade.*
Quando siamo arrivati, stavano dormendo.	*Als wir ankamen, schliefen sie gerade.*

26.3 Bildung des *gerundio composto*

Das *gerundio composto* wird durch das *gerundio semplice* der Hilfsverben *essere* und *avere* mit dem Partizip Perfekt des Hauptverbs gebildet. Die Partizipendung wird nach *essere* in Zahl und Geschlecht an das Subjekt angeglichen:

Infinitv	*gerundio composto*
comprare *kaufen*	avendo comprato
credere *glauben*	avendo creduto
partire *abfahren*	essendo partito,-a,-i,-e

26.4 Gebrauch des *gerundio composto*

Das *gerundio composto* bezieht sich auf die Vergangenheit und wird vor allem zur Angabe der Ursache verwendet:

Essendo stata male, non poté occuparsi del caso.	*Da sie krank war, konnte sie sich nicht um den Fall kümmern.*

27 Partizip

Das Partizip hat zwei Formen: Partizip Präsens und Partizip Perfekt.

27.1 Bildung des Partizip Präsens

Das Partizip Präsens wird gebildet, indem je nach Konjugation die Infinitivendungen *-are* durch *-ante* und *-ere / -ire* durch *-ente* ersetzt werden:

Infinitiv		Partizip Präsens
vol**are**	*fliegen*	vol**ante**
rid**ere**	*lachen*	rid**ente**
segu**ire**	*folgen*	segu**ente**

27.2 Gebrauch des Partizip Präsens

Das Partizip Präsens wird im heutigen Italienisch meist als Adjektiv oder als Substantiv verwendet. Im Singular lautet die Endung *-e*, im Plural *-i*.

l'esercizio seguente	*die folgende Übung*
gli esercizi seguenti	*die folgenden Übungen*
il nostro insegnante	*unser Lehrer*

Als reine Verbform wird das Partizip Präsens selten verwendet (meist im Amtsitalienisch). Es ersetzt dann in der Regel einen Relativsatz:

Il treno proveniente (che proviene) da Napoli è in ritardo.	*Der aus Neapel kommende Zug (der Zug, der aus Neapel kommt) hat Verspätung.*

27.3 Bildung des Partizip Perfekt

Das Partizip Perfekt wird gebildet, indem je nach Konjugation die Infinitivendungen *-are* durch *-ato, -ere* durch *-uto* und *-ire* durch *-ito* ersetzt werden.

101

27 Partizip

Die Infinitivendung -urre wird durch die Endung -otto ersetzt:

Infinitiv		Partizip Perfekt
comprare	*kaufen*	comprato
credere	*glauben*	creduto
partire	*abfahren*	partito
produrre	*herstellen*	prodotto
tradurre	*übersetzen*	tradotto

Daneben gibt es eine Reihe von unregelmäßigen Partizip-Perfekt-Formen. Die wichtigsten finden Sie in der folgenden Übersicht:

Infinitiv		Partizip Perfekt
aprire	*öffnen*	aperto
bere	*trinken*	bevuto
chiedere	*fragen*	chiesto
chiudere	*schließen*	chiuso
correre	*laufen*	corso
discutere	*diskutieren*	discusso
giungere	*ankommen*	giunto
mettere	*stellen/legen*	messo
offrire	*anbieten*	offerto
prendere	*nehmen*	preso
ridere	*lachen*	riso
rimanere	*bleiben*	rimasto
rispondere	*antworten*	risposto
rompere	*zerbrechen*	rotto
scegliere	*wählen*	scelto
scendere	*aussteigen*	sceso
spegnere	*ausschalten*	spento
spendere	*ausgeben*	speso
succedere	*geschehen*	successo
vedere	*sehen*	visto (veduto)
vivere	*leben*	vissuto

Partizip **27**

27.4 Gebrauch des Partizip Perfekt

Das Partizip Perfekt wird hauptsächlich zur Bildung der zusammengesetzten Zeiten verwendet. Bei den mit _essere_ zusammengesetzten Zeiten richtet sich die Partizipendung nach dem Subjekt:

Franco è uscito.	_Franco ist ausgegangen._
Carla è partita.	_Carla ist abgefahren._
Sono arrivati i vostri amici?	_Sind eure Freunde angekommen?_
Le mie amiche sono andate a teatro.	_Lia und Pia sind ins Theater gegangen._
Ho mangiato troppo.	_Ich habe zu viel gegessen._

Das Partizip Perfekt ohne Hilfsverb _(absolutes Partizip)_ kann Satzteile, die durch Konjunktionen wie _appena, dopo che, quando_ etc. eingeleitet werden, ersetzen. Diese Konstruktion wird vor allem in der Schriftsprache verwendet. Bei den intransitiven Verben richtet sich die Partizipendung nach dem Subjekt, bei den transitiven Verben nach dem Objekt:

Arrivata in città, **Pia** andò ... (Appena fu arrivata ...)	_Sobald sie in der Stadt ankam, ging Pia ..._
Arrivato in città, **Carlo** andò …	_Kaum war Carlo in der Stadt angekommen, ging er …_
Finito il **corso**, Pia diede l'esame. (Dopo che ebbe finito il corso ...)	_Nachdem sie den Kurs beendet hatte, machte Pia die Prüfung._
Finiti gli **esami**, Pia andò in vacanza.	_Nachdem sie die Prüfungen abgelegt hatte, ging Pia in Urlaub._

103

28 Reflexive Verben

28.1 Bildung der reflexiven Verben

Verben heißen dann reflexiv, wenn sich die Handlung auf das Subjekt des Satzes zurückbezieht. Sie werden immer vom dazugehörenden Reflexivpronomen begleitet:

alzarsi *aufstehen*	decidersi *sich entscheiden*	sentirsi *sich fühlen*
mi alzo	mi decido	mi sento
ti alzi	ti decidi	ti senti
si alza	si decide	si sente
ci alziamo	ci decidiamo	ci sentiamo
vi alzate	vi decidete	vi sentite
si alzano	si decidono	si sentono

Die zusammengesetzten Zeiten der reflexiven Verben werden in der Regel mit *essere* gebildet. Wird das reflexive Verb in Verbindung mit *dovere, potere, sapere* oder *volere* gebraucht, wird *essere* nur dann verwendet, wenn das Reflexivpronomen dem Verb vorangeht. Wird das Reflexivpronomen angehängt, verwendet man als Hilfsverb *avere* (zur Stellung der Reflexivpronomen → Kap. 6.5):

alzarsi *aufstehen*		
mi sono alzato / -a	mi sono dovuto / -a alzare	ho dovuto alzarmi
ti sei alzato / -a	ti sei dovuto / -a alzare	hai dovuto alzarti
si è alzato / -a	si è dovuto / -a alzare	ha dovuto alzarsi
ci siamo alzati / -e	ci siamo dovuti / -e alzare	abbiamo dovuto alzarci
vi siete alzati / -e	vi siete dovuti / -e alzare	avete dovuto alzarvi
si sono alzati / -e	si sono dovuti / -e alzare	hanno dovuto alzarsi

Reflexive Verben **28**

28.2 Veränderlichkeit des Partizips

Die Partizipendung richtet sich bei den reflexiven Verben nach dem Subjekt. Hat aber das reflexive Verb auch ein direktes Objekt, kann sich das Partizip nach diesem direkten Objekt richten:

Carla si è pentit**a** di ...	*Carla hat es bereut, ...*
Ci siamo alzat**i** / **-e** presto.	*Wir sind früh aufgestanden.*
Maria si è lavat**a** i capelli.	*Maria hat sich die Haare gewaschen.*
Maria si è lavat**i** i **capelli**.	*Maria hat sich die Haare gewaschen.*

28.3 Gebrauch der reflexiven Verben

Reflexiv heißen Verben dann, wenn sich die Handlung auf das Subjekt zurückbezieht, Subjekt und Objekt sind ein und dieselbe Person.

Viele Verben haben sowohl eine reflexive wie eine nicht reflexive Form:

Ho lavato i piatti.	*Ich habe die Teller gewaschen.*
Mi sono lavato / -a.	*Ich habe mich gewaschen.*

Einige Verben werden nur in der 1., 2. und 3. Person Plural reflexiv gebraucht. Man spricht dann von *reziproken Verben (verbi reciproci);* sie geben eine wechselseitige Handlung zwischen mehreren Personen wieder:

Ci telefoniamo domani.	*Wir rufen uns morgen an.*
Si scrivono regolarmente.	*Sie schreiben sich regelmäßig.*
Vi vedete spesso?	*Seht ihr euch oft?*

! Viele Verben werden reflexiv gebraucht, um einem Geschehen eine größere Intensität, einen größeren Nachdruck zu verleihen:

Ho preso un mese di vacanze.	*Ich habe einen Monat Urlaub genommen.*
Finalmente **mi** sono preso un mese di vacanze.	*Endlich habe ich mir einen Monat Urlaub genommen.*
Hanno comprato una macchina.	*Sie haben ein Auto gekauft.*
Hai visto che macchina **si** sono comprati?	*Hast du gesehen, was für ein Auto sie sich gekauft haben?*

29 Passiv

Das Passiv kann nur bei transitiven Verben (Verben mit einem Akkusativobjekt) gebildet werden. Scherzhafte deutsche Formulierungen wie *„er wird gegangen"* sind im Italienischen nicht möglich.

29.1 Bildung des Passivs

Passiv bei einfachen Zeiten

Die einfachen Zeiten bilden das Passiv durch *essere* oder *venire* in der erforderlichen Zeitform mit dem Partizip Perfekt des Hauptverbs. *Essere* gibt eher einen Zustand, *venire* einen Vorgang wieder:

Aktiv: La ditta R. organizza il congresso.

Die Firma R. organisiert den Kongress.

Passiv: Il congresso **è / viene organizzato** dalla ditta R.

Der Kongress wird von der Firma R. organisiert.

Aktiv: Rimanderanno la seduta.

Sie werden die Sitzung vertagen.

Passiv: La seduta **sarà rimandata.**

Die Sitzung wird vertagt werden.

Passiv bei zusammengesetzten Zeiten

Die zusammengesetzten Zeiten bilden das Passiv durch *essere* in der erforderlichen Zeitform und dem Partizip Perfekt des Hauptverbs:

Aktiv: Hanno rimandato la seduta.

Sie haben die Sitzung vertagt.

Passiv: La seduta **è stata rimandata.**

Die Sitzung ist vertagt worden.

Aktiv: Credo che abbiano rimandato la seduta.

Ich glaube, dass sie die Sitzung vertagt haben.

Passiv: Credo che la seduta **sia stata rimandata.**

Ich glaube, dass die Sitzung vertagt worden ist.

Passiv **29**

Objektpronomen in Passivsätzen

Das Objektpronomen des Aktivsatzes wird im Passivsatz zum Subjekt. Als unbetontes Subjektpronomen entfällt es im Passivsatz:

Aktiv: Chi l'ha invitato?   *Wer hat ihn eingeladen?*

Passiv: Da chi è stato invitato?   *Von wem ist er eingeladen worden?*

Partizip Perfekt in Passivsätzen

In Passivsätzen richtet sich das Partizip Perfekt in Zahl und Geschlecht nach dem Subjekt:

L'intervista verrà trasmess**a**   *Das Interview wird um acht Uhr*
alle otto.   *ausgestrahlt.*

Besonderheiten

Eine passivische Bedeutung hat das Verb *andare* in Verbindung mit bestimmten Partizipien wie *distrutto (zerstört), perso (verloren), smarrito (verloren, verlegt), sprecato (verschwendet, vergeudet)*:

I libri sono andati persi.   *Die Bücher sind verloren gegangen.*

Ebenso die Partizipien *commosso (gerührt, bewegt), deluso (enttäuscht), ferito (verletzt), meravigliato (verwundert), sorpreso (überrascht), stupito (erstaunt), ucciso (getötet)* in Verbindung mit *rimanere*:

Rimase ferito in un   *Er wurde bei einem Unfall verletzt.*
incidente.
Sono rimasta sorpresa ...   *Ich war überrascht ...*

Eine passivische Bedeutung erreicht man auch durch die Anwendung der unpersönlichen Form *si (si passivante)*:

Questo vino si produce ...   *Diesen Wein produziert man ...*
(Questo vino viene prodotto)   *(Dieser Wein wird produziert)*

! Will man im Passiv die Notwendigkeit eines Geschehens ausdrücken, so benutzt man *andare* und das Partizip Perfekt des Hauptverbs:

La somma va scritta anche   *Der Betrag muss auch in Buchstaben*
in lettere.   *geschrieben werden.*

29 *Passiv*

La somma andrà versata entro la fine del mese.	*Der Betrag muss bis Ende des Monats bezahlt werden.*
Questo lavoro andrebbe fatto subito.	*Diese Arbeit sollte sofort erledigt werden.*

Auch durch das Verb *dovere* kann die Notwendigkeit wiedergegeben werden; *dovere* (konjugiert in der erforderlichen Zeitform) begleitet die Infinitivform *essere* und das Partizip Perfekt des Hauptverbs:

La somma deve essere scritta anche in lettere.	*Der Betrag muss auch in Buchstaben geschrieben werden.*
La somma dovrà essere versata entro la fine del mese.	*Der Betrag muss bis Ende des Monats bezahlt werden.*
La somma dovrebbe essere pagata entro domani.	*Der Betrag sollte bis morgen bezahlt werden.*

29.2 Gebrauch des Passivs

Durch das Passiv wird ausgedrückt, dass mit einer Person oder mit einer Sache etwas geschieht. Der Vorgang wird hervorgehoben, der Urheber der Handlung wird, falls angegeben, durch die Präposition *da* angeschlossen. Im Italienischen wird das Passiv vor allem in der Schriftsprache verwendet:

Pompei fu / venne distrutta da un'eruzione vulcanica.	*Pompei wurde durch einen Vulkanausbruch zerstört.*

In Überschriften von Zeitungsartikeln wird das Passiv oft verkürzt wiedergegeben:

(È stato) arrestato il boss mafioso C.	*Mafiaboss C. (wurde) festgenommen.*
(Sono stati) portati alle luce dei mosaici bellissimi.	*Wunderschöne Mosaiken ans Licht gebracht.*

108

30   Unpersönliche Form *si* / Unpersönliche Verben

30.1   Die unpersönliche Form *si*

Si entspricht dem deutschen *man*, wobei im Gegensatz zum Deutschen das dazugehörige Verb in der 3. Person Plural steht, wenn das Bezugswort, ohne Präposition angeschlossen, im Plural verwendet wird:

Da noi si **mangia** molta pasta.	*Bei uns isst man viel Pasta.*
Da noi si **mangiano** molti spaghetti.	*Bei uns isst man viel Spaghetti.*

Adjektive stehen nach der unpersönlichen Form *si* im Maskulinum Plural:

Si è stanch**i** ...	*Man ist müde ...*
Si è felic**i** ...	*Man ist glücklich ...*
Si è trist**i** ...	*Man ist traurig ...*

Trifft *si* auf ein reflexives Verb, so wird es durch *ci* ersetzt:

Ci si diverte molto.	*Man amüsiert sich gut.*
Ci si annoia.	*Man langweilt sich.*

Unbetonte Personalpronomen und das Pronominaladverb *ci (dort, dorthin, hier, hierher)* stehen vor der unpersönlichen Form *si*. Das Pronominaladverb *ne (davon, darüber)* dagegen steht nach der unpersönlichen Form *si*, die zu *se* geändert wird:

Gli si può regalare ...	*Man kann ihm ... schenken.*
Li si riconosce subito.	*Man erkennt sie sofort.*
Ci si va in treno.	*Man fährt hin mit dem Zug.*
Se ne vedono tanti.	*Man sieht viele davon.*

Die zusammengesetzten Zeiten werden in *si*-Sätzen stets mit *essere* gebildet:

Si **è** mangiato bene.	*Man hat gut gegessen.*
Si **è** usciti spesso.	*Man ist oft ausgegangen.*
Ci si **è** visti ogni giorno.	*Man hat sich jeden Tag gesehen.*

109

30 Unpersönliche Form si / Unpersönliche Verben

Die Partizipendung lautet auf *-i*, wenn das Verb auch in der persönlichen Konstruktion mit *essere* gebildet wird *(sono andato → si è andati):*

Si è usci**ti** spesso.	Man ist oft ausgegangen.
Ci si è diverti**ti**.	Man hat sich amüsiert.
Ci si è annoia**ti**.	Man hat sich gelangweilt.

Verben, die in der persönlichen Konstruktion *avere* als Hilfsverb verwenden, richten in der *si*-Konstruktion ihre Partizipendung und das Hilfsverb *essere* nach dem Bezugswort. Dies gilt jedoch nur, wenn das Bezugswort ohne Präposition angeschlossen wird:

Si è bevu**to** troppo vino.	Man hat zu viel Wein getrunken.
Si è mangia**ta** tanta **pasta**.	Man hat viel Pasta gegessen.
Si **sono** mangia**te** tante **verdure**.	Man hat viel Gemüse gegessen.
Si **sono** bevu**ti** troppi **alcolici**.	Man hat zu viel Alkohol getrunken.

30.2 Weitere Wiedergabemöglichkeiten des deutschen *man*

Das deutsche *man* kann im Italienischen auch durch *uno* oder durch die 3. Person Plural eines Verbs wiedergegeben werden:

Uno si crede al sicuro ...	Man wiegt sich in Sicherheit ...
Dicono che ...	Man sagt, dass ...
Suonano.	Es klingelt (an der Tür).

30.3 Unpersönliche Verben

Die unpersönlichen Verben haben kein bestimmtes Subjekt. Sie werden nur in der 3. Person Singular verwendet und bilden die zusammengesetzten Zeiten mit *essere*. Zu den unpersönlichen Verben zählen Verben, die atmosphärische Phänomene darstellen, wie zum Beispiel *piovere (regnen), nevicare (schneien), grandinare (hageln), tuonare (donnern)* etc.:

Piove da settimane.	Es regnet seit Wochen.
Ieri è piovuto.[1]	Gestern hat es geregnet.
È nevicato.	Es hat geschneit.

[1] Zur Anwendung des Hilfsverbs → Kap. 18.1.

Unpersönliche Form si / Unpersönliche Verben **30**

Daneben gibt es einige Verben, die meist ohne Subjekt verwendet werden wie *accadere / succedere / capitare (geschehen), bisognare (müssen, notwendig sein), sembrare / parere (scheinen, den Anschein haben)* etc.:

Bisogna dire la verità.	*Man muss die Wahrheit sagen.*
E così è accaduto che ...	*Und so geschah es, dass ...*
Succede spesso.	*Es passiert oft.*

Unpersönliche Ausdrücke wie *è necessario (es ist notwendig), è evidente (es ist offensichtlich), è chiaro (es ist klar), è giusto (es ist richtig/gerecht), è meglio (es ist besser)* etc. gehen in der Regel einem Infinitiv voran. Voraussetzung ist, dass Haupt- und Nebensatz dasselbe Subjekt haben (→ Kap. 23.4):

È meglio dirglielo.	*Es ist besser, es ihm zu sagen.*

Nach vielen unpersönlichen Verben und Ausdrücken steht ein Konjunktiv, wenn die zwei Verben im Haupt- und Nebensatz unterschiedliche Subjekte haben (→ Kap. 23.4):

È meglio che tu ci vada.	*Es ist besser, wenn du hingehst.*
Sembra che tutto vada bene.	*Es scheint alles gut zu gehen.*

31 Bedingungssätze

Bedingungssätze bestehen aus einer durch *se* eingeleiteten Voraussetzung (Bedingung) und einem Folgeereignis. Welche Zeitformen dabei verwendet werden, hängt davon ab, ob Bedingung und Folge erfüllbar sind, schwer erfüllbar sind, oder ob sie die Vergangenheit betreffen.

31.1 Reale Hypothese

Hier sind sowohl die Bedingung wie auch die Folge konkret und realisierbar. Als Zeitformen verwendet man Präsens, Futur oder Imperativ:

Se ho tempo, vengo (verrò) a trovarti.	*Wenn ich Zeit habe, besuche ich dich. (werde ich dich besuchen).*
Usciremo solo se farà bel tempo.	*Wir werden nur dann ausgehen, wenn schönes Wetter ist (sein wird).*
Se hai tempo, telefonami!	*Falls du Zeit hast, ruf mich an!*

31.2 Mögliche Hypothese

Bedingung und Folge sind hier zwar möglich, aber nicht sehr wahrscheinlich. Der Sprecher drückt damit aus, dass die Folge nur dann eintritt, wenn die eher unwahrscheinliche Bedingung erfüllt ist. Im *se*-Satz benutzt man Konjunktiv Imperfekt, im Folgesatz Konditional I:

Se lo sapessi, te lo direi.	*Wenn ich es wüsste, würde ich es dir sagen.*
Se fossi al posto suo, accetterei.	*Wenn ich an seiner Stelle wäre, würde ich annehmen.*

Im Folgesatz kann auch ein Imperativ stehen:

Se dovesse chiamare, ditegli che ...	*Falls er anrufen sollte, sagt ihm, dass ...*

112

Bedingungssätze **31**

31.3 Irreale Hypothese

Bedingung und Folge betreffen die Vergangenheit und sind nicht eingetreten. Im *se*-Satz benutzt man den Konjunktiv Plusquamperfekt, im Folgesatz den Konditional II:

> Se l'avessi visto, l'avrei salutato.
>
> *Wenn ich ihn gesehen hätte, hätte ich ihn gegrüßt.*

Im Folgesatz steht der Konditional I, wenn die Folge noch in die Gegenwart hineinwirkt.

> Se mi avessi dato ascolto, ora non saresti nei pasticci.
>
> *Wenn du mir zugehört hättest, säßest du jetzt nicht in der Tinte.*
>
> Se fossimo partiti prima, ora saremmo già arrivati.
>
> *Wenn wir früher abgefahren wären, wären wir jetzt schon angekommen.*

● Anstelle des *se*-Satzes kann man auch ein Gerundium, einen Infinitiv oder einen präpositionalen Ausdruck verwenden:

> **Mangiando** meno, ...
>
> *Wenn du weniger isst (essen würdest), ...*
>
> **A sentire** voi, tutto sarebbe inutile.
>
> *Wenn man euch so reden hört, hat alles keinen Sinn.*
>
> **Senza il loro appoggio** non ci saremmo riusciti.
>
> *Ohne ihre Unterstützung wäre es uns nicht gelungen.*

Neben *se* kann ein Bedingungssatz auch durch *qualora* (falls), *nel caso che / nell' eventualità che* (für den Fall, dass) eingeleitet werden:

> Nel caso non siano / fossero d'accordo, ditemelo!
>
> *Falls sie nicht einverstanden sind / wären, sagt es mir!*

Die Anwendung des Konjunktiv Imperfekt drückt eine größere Unwahrscheinlichkeit aus.

113

32   Indirekte Rede

Im Italienischen steht das Verb der indirekten Rede im Indikativ bzw. im Konditional. Der Konjunktiv ist nur in der indirekten Frage zu verwenden, oder nach Wörtern, die zwingend den Konjunktiv verlangen.

Die indirekte Rede wird durch *che* eingeleitet, die indirekte Frage durch *se* oder durch ein Fragewort.

Die Zeitform des Verbs der indirekten Rede richtet sich nach der Zeitform des Verbs im Einführungssatz.

32.1   Einführungssatz: Gegenwart, Zukunft, unmittelbare Vergangenheit

Hier ändern sich beim Wechsel in die indirekte Rede weder die Zeiten des Verbs noch die Zeitangaben:

Direkte Rede ⟶	Indirekte Rede
Dice: „Vi aiuterò io." *Er sagt: „Ich werde euch helfen."*	Dice che ci aiuterà lui. *Er sagt, dass er uns helfen werde.*
Ha detto (qualche minuto fa): „Non voglio rispondere." *Er hat gesagt: „Ich will nicht antworten."*	Ha detto che non vuole rispondere. *Er hat gesagt, dass er nicht antworten wolle.*

Nur der Imperativ ändert sich beim Wechsel in die indirekte Rede zu *di* + Infinitiv oder zu *che* + Konjunktiv Präsens:

Direkte Rede ⟶	Indirekte Rede
Gli diciamo spesso: „Riposati un po'!" *Wir sagen oft zu ihm: „Ruh dich ein wenig aus!"*	Gli diciamo spesso di riposarsi un po'. *Wir sagen oft zu ihm, er solle sich ein wenig ausruhen.*

Indirekte Rede **32**

32.2 Einführungssatz Vergangenheit

Steht das Verb des Einführungssatzes in der Vergangenheit, ändern sich beim Wechsel in die indirekte Rede die Zeiten des Verbs nach folgendem Schema:

Direkte Rede $\longrightarrow$	Indirekte Rede
Indikativ Präsens	Indikativ Imperfekt
Ha detto: „**Vado** a casa." *Er hat gesagt: „Ich gehe nach Hause."*	Ha detto che **andava** a casa. *Er hat gesagt, er gehe nach Hause.*
Indikativ Perfekt, *passato remoto*	*trapassato prossimo*
Affermò: „**Ho visto / Vidi** tutto." *Er behauptete: „Ich sah alles."*	Affermò che **aveva visto** *tutto*. *Er behauptete, er habe alles gesehen.*
Futur I und II	Konditional II
Promise: „**Scriverò** presto." *Er versprach: „Ich werde bald schreiben."*	Promise che **avrebbe scritto** presto. *Er versprach, er werde bald schreiben.*
Konditional I	Konditional II
Disse: „**Sarebbe** bello!" *Er sagte: „Es wäre schön!"*	Disse che **sarebbe stato** bello. *Er sagte, es wäre schön gewesen.*
Imperativ	*di* + Infinitiv oder *che* + Konjunktiv Imperfekt
Le ordinò: „**Rispondi**mi!" *Er befahl ihr: „Antworte mir!"*	Le ordinò **di risponder**gli / **che** gli **rispondesse**. *Er befahl ihr, ihm zu antworten.*

115

32 *Indirekte Rede*

Konjunktiv Präsens	Konjunktiv Imperfekt
F. disse: „Penso che Gino **sia** in Italia." *F. sagte: „Ich denke, dass Gino in Italien ist."*	F. disse che pensava che Gino **fosse** in Italia. *F. sagte, er denke, dass Gino in Italien sei.*
Konjunktiv Perfekt	Konjunktiv Plusquamperfekt
Disse: „Penso che G. **sia tornato**." *Er sagte: „Ich denke, dass G. zurückgekommen ist."*	Disse che pensava che G. **fosse tornato**. *Er sagte, er denke, dass G. zurückgekommen sei.*

Alle anderen Zeiten bleiben beim Wechsel in die indirekte Rede unverändert.

Wird das Futur II durch *appena (sobald)* bzw. *dopo che (nachdem)* eingeleitet, ändert es sich in der indirekten Rede meist wie folgt:

Direkte Rede $\longrightarrow$	Indirekte Rede
Disse: „Appena **sarò arrivato**, telefonerò." *Er sagte: „Sobald ich angekommen bin, werde ich anrufen."*	Disse che appena **arrivato**, avrebbe telefonato. *Er sagte, dass er sofort anrufen würde, sobald er angekommen sei.*
Disse: „Dopo che **avrò finito**, telefonerò." *Er sagte: „Wenn ich fertig bin, werde ich anrufen."*	Disse che dopo **aver finito**, avrebbe telefonato. *Er sagte, dass er sofort anrufen werde, wenn er fertig sei.*

32.3 Bedingungssätze

Bei Bedingungssätzen in der indirekten Rede wird die Bedingung durch den Konjunktiv Plusquamperfekt, die Folge durch den Konditional II wiedergegeben:

Direkte Rede $\longrightarrow$	Indirekte Rede
Disse: „Se **avessi** tempo, ci **andrei**." *Er sagte: „Wenn ich Zeit hätte, würde ich hingehen."*	Disse che se **avesse avuto** tempo, ci **sarebbe andato**. *Er sagte, dass er hingegangen wäre, wenn er Zeit gehabt hätte.*

Indirekte Rede **32**

32.4 Indirekte Frage

Mit Ausnahme des Konditional II, der unverändert bleibt, und des Futur I, das in der Regel zu Konditional II wird, verwendet man in der indirekten Frage den Konjunktiv:

Direkte Rede $\longrightarrow$	Indirekte Rede
Ci domandò: „Chi **siete**?" *Er fragte: „Wer seid ihr?"*	Ci domandò chi **fossimo**. *Er fragte, wer wir seien.*

32.5 Orts- und Zeitangaben, *questo* und *venire*

Steht der Einführungssatz in der Vergangenheit, ändern sich beim Wechsel in die indirekte Rede viele Orts- und Zeitangaben, das Demonstrativpronomen *questo* und das Verb *venire*:

Direkte Rede $\longrightarrow$	Indirekte Rede
domani	il giorno dopo / l'indomani
ieri	il giorno prima
oggi	quel giorno
ora / adesso	allora
poco fa	poco prima
qui / qua	lì / là
tra / fra (zeitlich)	dopo
tra / fra poco	poco dopo
questo	quello
venire[1]	andare

Disse: „Gli parlerò domani."	Disse che gli avrebbe parlato il giorno dopo.
Er sagte: „Ich werde morgen mit ihm sprechen."	*Er sagte, dass er am nächsten Tag mit ihm sprechen werde.*
Disse: „Le ho parlato **ieri**."	Disse che le aveva parlato **il giorno prima**.
Er sagte: „Ich habe gestern mit ihr gesprochen."	*Er sagte, dass er am Tag davor mit ihr gesprochen habe.*

[1] Nicht aber, wenn *venire* Teil einer Redewendung ist.

117

32 Indirekte Rede

Ordinò: „Venite subito qui!"
Er befahl: „Kommt sofort her!"

Ordinò di andare subito lì.
Er befahl, sofort herzukommen.

Replicai: „Sono arrivato poco fa."
Ich erwiderte: „Ich bin gerade angekommen."

Replicai che ero arrivato poco prima.
Ich erwiderte, ich sei gerade angekommen.

Rispose: „Tornerò tra poco."

Rispose che sarebbe tornato poco dopo.

Er antwortete: „Ich werde in Kürze zurück sein."

Er antwortete, dass er kurz darauf zurück sein werde.

Disse: „**Questo** è il mio libro."
Er sagte: „Dies ist mein Buch."

Disse che **quello** era il suo libro.
Er sagte, dass dies sein Buch sei.

Mi ordinò: „**Vieni** subito in ufficio!"
Er befahl mir: „Komm sofort ins Büro!"

Mi ordinò di **andare** subito in ufficio.
Er befahl mir, sofort ins Büro zu kommen.

Gli dissi: „Ma vai al diavolo!"
Ich sagte ihm: „Scher dich zum Teufel!"

Gli dissi di andare al diavolo.
Ich sagte ihm, er solle sich zum Teufel scheren.

Possessiv- und Personalpronomen ändern sich beim Wechsel in die indirekte Rede analog zum Deutschen:

F. disse: „Sono affari **miei**."
F. sagte: „Das ist meine Angelegenheit."

F. disse che erano affari **suoi**.
F. sagte, dass dies seine Angelegenheit sei.

Dissero: „**Noi** non siamo d'accordo."
Sie sagten: „Wir sind nicht einverstanden."

Dissero che **loro** non erano d'accordo.
Sie sagten, sie seien nicht einverstanden.

Disse: „Non **la** dimenticherò mai."
Er sagte: „Ich werde sie niemals vergessen."

Disse che non l'avrebbe mai dimenticata.
Er sagte, er werde sie niemals vergessen.

33 Präposition

Präpositionen sind Verknüpfungspartikeln, die wie eine Art Gelenk Wörter miteinander verbinden. Sie geben an, in welcher Beziehung Wörter zueinander stehen. Einige Präpositionen verschmelzen mit dem bestimmten Artikel zu einem Wort (→ Kap. 4.4).

Die richtige Anwendung der Präpositionen ist im Italienischen sehr schwierig, die meisten Präpositionen haben unterschiedliche Bedeutungen und Funktionen. Allgemein gültige Regeln lassen sich leider nur selten formulieren.

33.1 Die wichtigsten Präpositionen auf einen Blick

a	*in, nach, zu, um*	fa	*vor*
accanto a	*neben*	fino a	*bis zu*
al di là di	*jenseits von*	fra / tra	*zwischen, in, unter*
al di sopra di	*über, oberhalb*	fuori	*außerhalb*
al di sotto di	*unter, unterhalb*	in	*in, nach*
assieme a	*zusammen mit*	in mezzo a	*mitten auf, inmitten von*
attorno a	*um ... herum*	insieme a	*zusammen mit*
attraverso	*durch*	intorno a	*um ... herum*
con	*mit*	lontano da	*fern, weit weg von*
contro	*gegen*	per	*für, durch, nach*
da	*seit, von, aus, ab, bei*	presso	*bei, in der Nähe*
davanti a	*vor* (örtlich)	senza	*ohne*
dentro	*in, innerhalb* (örtlich)	sopra	*über*
di fronte a	*gegenüber*	sotto	*unter*
dietro	*hinter*	su	*am, auf, über*
dopo	*nach*	tranne	*außer*
durante	*während*	verso	*gegen* (zeitl.), *in Richtung*
entro	*innerhalb, binnen*	vicino a	*in der Nähe von*

119

33 *Präposition*

33.2 Gebrauch der Präpositionen

33.2.1 *a*

Die Präposition *a* bezeichnet die Lage oder die Richtung auf einen Ort hin bei Städten, kleinen Inseln (die weder eine Region noch ein Land bilden) und bei einer Reihe von anderen Substantiven, die keine einheitliche Gruppe bilden:

Vivono a Siena / a Capri.	*Sie leben in Siena / in Capri.*
Vado a Roma / a Ischia.	*Ich fahre nach Rom / nach Ischia.*
Mangiamo al ristorante.	*Wir essen im Restaurant.*

Werden die oben genannten Ortsangaben jedoch näher bestimmt, steht vor ihnen ein unbestimmter Artikel, ein Indefinit- oder Demonstrativpronomen, oder steht die Ortsangabe im Plural, so verwendet man statt *a* die Präposition *in*:

Nell'antica Roma ...	*Im alten Rom ...*
In questo ristorante ...	*In diesem Restaurant ...*
Nei ristoranti italiani ...	*In italienischen Restaurants ...*

Die Präposition *a* bezeichnet auch einen Zeitpunkt, z. B. bei Feiertagen oder bei der Uhrzeit:

Ci vediamo a Natale.	*Wir sehen uns Weihnachten.*
Ci vediamo alle tre.	*Wir sehen uns um drei Uhr.*
All'inizio / alla fine dell'anno.	*Am Jahresanfang/-ende.*
A domani / a stasera!	*Bis morgen/Bis heute Abend!*

Die Präposition *a* bezeichnet die Art und Weise und bestimmte Merkmale von Sachen und Gegenständen:

spaghetti al pomodoro	*Spaghetti mit Tomatensauce*
Chiudi a chiave!	*Schließ ab (mit dem Schlüssel)!*
una maglietta a righe	*ein gestreiftes T-Shirt*

Sie dient auch zur Angabe des Dativs:

A Carla cosa portiamo?	*Was bringen wir Carla?*

Sie kann dem deutschen *je/pro* entsprechen:

mille lire al chilo	*tausend Lire pro Kilo*
due volte alla settimana	*zweimal pro Woche*

120

Präposition **33**

Zusammen mit der Präposition *da* gibt die Präposition *a* die Entfernung an:

È a due chilometri / a due ore da qui.	*Es ist zwei Kilometer/zwei Stunden von hier entfernt.*

33.2.2 *in*

Die Präposition *in* bezeichnet die Lage oder die Richtung auf einen Ort hin bei Regionen, Ländern sowie einer Reihe von Substantiven, die keine einheitliche Gruppe bilden. Wird die Ortsangabe näher bestimmt oder steht sie im Plural, wird die Präposition *in* mit dem bestimmten Artikel verschmolzen:

Vive in Toscana / in Italia.	*Er lebt in der Toskana/in Italien.*
Vado in Sicilia / in Francia.	*Ich fahre nach Sizilien/nach Frankreich.*
il tempo nell'Italia del Nord ...	*das Wetter in Norditalien ...*
in ufficio / nel mio ufficio / negli uffici	*im Büro/in meinem Büro/ in den Büros*

Die Präposition *in* wird zur Zeitangabe bei Jahren, Jahrhunderten, Epochen, Jahreszeiten und Monaten verwendet. Bei Jahreszeiten und Monaten wird die Präposition *in* nur bei näherer Bestimmung mit dem bestimmten Artikel verschmolzen. *In* kann auch die Bedeutung von *innerhalb* haben:

nel 1997 / nel Rinascimento	*im Jahr 1997/in der Renaissance*
in inverno / in marzo	*im Winter/im März*
nell'inverno 1990 / nel marzo 1990	*im Winter 1990/im März 1990*
Ce la fai in una settimana?	*Schaffst du es innerhalb einer Woche?*

Mit der Präposition *in* können Sie auch die Art der Fortbewegung im Hinblick auf Verkehrsmittel ausdrücken. Bei näherer Bestimmung wird *in* durch die Präposition *con* ersetzt:

Veniamo in bicicletta / in macchina / in treno / in aereo.	*Wir kommen mit dem Fahrrad/Auto/ mit dem Zug/mit dem Flugzeug.*
Veniamo con la macchina di Luigi.	*Wir kommen mit Luigis Auto.*
Veniamo con il treno delle due.	*Wir kommen mit dem 14-Uhr-Zug.*

121

33 *Präposition*

33.2.3 *di*

Die Präposition *di* entspricht dem deutschen *von*, drückt den Besitz aus oder wird zur Bildung des Genitivs verwendet:

la casa di Mario	*Marios Haus*
i musei di Firenze	*die Museen von Florenz.*
La macchina è di mio zio.	*Das Auto gehört meinem Onkel.*

Di wird zur Bestimmung des Stoffs/der Materie verwendet:

un tavolo di marmo	*ein Marmortisch*
scarpe di pelle	*Schuhe aus Leder*

Di in Verbindung mit *essere* gibt die Herkunft an:

Siamo di Bologna.	*Wir sind aus Bologna.*
Siete di qui?	*Seid ihr von hier?*

Di kann in Verbindung mit Wörtern wie *mattina, giorno, sera, notte, inverno, estate* zur Angabe der Zeit verwendet werden:

di mattina / di notte.	*morgens/nachts*
d'estate / d'inverno	*im Sommer/im Winter*

Di verbindet Indefinitpronomen wie *qualcosa, poco, tanto, molto, niente* etc. mit einem darauf folgenden Adjektiv:

C'è qualcosa di nuovo?	*Gibt es etwas Neues?*
niente di particolare	*nichts Besonderes*

Di gibt den Inhalt an:

un bicchiere di vino	*ein Glas Wein*

33.2.4 *da*

Die Präposition *da* entspricht dem deutschen *von/aus* und gibt den Ausgangspunkt oder die Herkunft an:

Vi telefono dall'Italia.	*Ich rufe euch von Italien aus an.*
Vengo dalla Sardegna.	*Ich komme aus Sardinien.*
È lontano da qui?	*Ist es weit entfernt von hier?*

Präposition **33**

In Bezug auf Personen entspricht es dem deutschen *bei/zu*:

Andiamo dal medico.	*Wir gehen zum Arzt.*
Saremo da voi verso le tre.	*Wir werden gegen drei Uhr bei euch sein.*

Da gibt den Zweck oder die Bestimmung an:

un bicchiere da vino	*ein Weinglas*
la camera da letto	*das Schlafzimmer*

Zeitlich entspricht *da* dem deutschen *seit/ab/von*:

Ti aspetto da un'ora.	*Ich warte seit einer Stunde auf dich.*
La cena è dalle otto in poi.	*Das Abendessen ist ab acht Uhr.*
dal due al nove marzo	*vom 2. bis 9. März*

Die Präposition *da* dient – vor allem in der Schriftsprache – der Beschreibung körperlicher Eigenschaften und Merkmale:

Una ragazza dagli occhi tristi / dai capelli neri.	*Ein Mädchen mit traurigen Augen/ mit schwarzen Haaren.*

33.2.5 *per*

Örtlich hat die Präposition *per* die Bedeutung *durch/über*. In Verbindung mit bestimmten Substantiven (vor allem Verkehrsmitteln) und bestimmten Verben (z. B. *partire*) gibt *per* die Richtung auf einen Ort hin an und hat die Bedeutung *nach*:

camminare per le strade	*durch die Straßen gehen*
Siamo passati per Roma.	*Wir sind über Rom gefahren.*
il treno per Pisa	*der Zug nach Pisa*
Parto / continuo per Siena.	*Ich fahre/fahre weiter nach Siena.*

Zeitlich hat die Präposition *per* die Bedeutung *...lang*:

Ha parlato per ore.	*Er hat stundenlang geredet.*

Per kann auch den Grund angeben oder ausdrücken, für wen etwas getan wird:

L'ho comprato per te.	*Ich habe es für dich gekauft.*
Sono qui per dirvi ...	*Ich bin hier, um euch zu sagen ...*
Sono in Italia per studiare l'italiano.	*Ich bin in Italien, um Italienisch zu lernen.*

123

33 *Präposition*

33.2.6 *su*

Örtlich hat die Präposition *su* die Bedeutung *am/in/zu ... hin/auf/hinauf*:

le case sul fiume	*die Häuser am Fluss*
una camera con vista sul mare / sulla piazza	*ein Zimmer mit Blick aufs Meer/ auf den Platz*
Le finestre danno sul giardino.	*Die Fenster gehen zum Garten.*
Siamo salite sull' Etna.	*Wir sind auf den Ätna gestiegen.*

Su kann auch zur ungefähren Altersangabe verwendet werden:

una donna sui trent'anni / sulla trentina	*eine Frau von ca. 30 Jahren/ in den Dreißigern*

Su wird verwendet, um ein Thema anzugeben:

una conferenza su ...	*eine Konferenz über ...*
una discussione su ...	*eine Diskussion über ...*

33.2.7 *con*

Die Präposition *con* entspricht dem deutschen *mit,* bezeichnet in der Regel die Art und Weise und dient – vor allem in der gesprochenen Sprache – der Beschreibung körperlicher Merkmale und Eigenschaften:

Venite con noi?	*Kommt ihr mit uns?*
Vedi quella donna con i capelli neri?	*Siehst du die Frau dort mit den schwarzen Haaren?*
Con chi ci andate?	*Mit wem geht ihr hin?*

Con dient auch zur Beschreibung eines Zustandes und entspricht dann dem deutschen *bei*:

con questa nebbia	*bei diesem Nebel*
con questo caldo	*bei dieser Hitze*
con questo freddo	*bei dieser Kälte*
con questo vento	*bei diesem Wind*
con questa confusione	*bei diesem Durcheinander*

124

Präposition **33**

33.2.8 *fa / entro*

Die Präposition *fa* bedeutet *vor* und steht immer nach der Zeitangabe:

due giorni / ore fa	*vor zwei Tagen/Stunden*
Ci sono stata un anno fa.	*Ich bin vor einem Jahr dort gewesen.*

Entro bedeutet *innerhalb/bis zu* und dient zur Angabe einer zeitlichen Frist:

La somma è da pagare entro la fine del mese.	*Die Summe ist bis Ende des Monats zu zahlen.*
Devo finire il lavoro entro sabato.	*Ich muss bis Samstag die Arbeit fertig haben.*

33.2.9 *fra / tra*

Zeitlich entsprechen *fra* und *tra* dem deutschen *in* und bezeichnen den End-punkt eines Zeitablaufs von der Gegenwart aus gesehen:

Ci vediamo fra / tra mezz'ora.	*Wir sehen uns in einer halben Stunde.*
Partiamo tra un mese.	*Wir fahren in einem Monat ab.*

Örtlich bedeuten sie *zwischen*, im übertragenen Sinn *unter/zwischen*:

Il paese si trova tra Pisa e Lucca.	*Das Dorf befindet sich zwischen Pisa und Lucca.*
La casa è tra la farmacia e il supermercato.	*Das Haus ist zwischen der Apotheke und dem Supermarkt.*
Tra i due c'è del tenero.	*Zwischen den beiden gibt es zarte Bande.*
Detto tra noi …	*Unter uns gesagt …*
Fra i presenti c'erano anche molti stranieri.	*Unter den Anwesenden befanden sich auch viele Ausländer.*

34 Konjunktion

Konjunktionen sind unveränderlich. Man unterscheidet zwischen beiordnenden Konjunktionen und unterordnenden Konjunktionen.

34.1 Beiordnende Konjunktionen

Die beiordnenden Konjunktionen verbinden Wörter, Satzteile oder ganze Sätze miteinander. Manche dienen als einfaches Bindeglied, wie zum Beispiel die Konjunktionen *e (und), o / oppure (oder), né ... né (weder ... noch)*:

Romeo e Giulietta	*Romeo und Julia*
Vai a piedi o in macchina?	*Gehst du zu Fuß oder fährst du mit dem Auto?*

Andere, wie *ma / però / bensì (aber, sondern), invece (jedoch), anzi (im Gegenteil, sogar), tuttavia (trotzdem, dennoch) eppure (und doch, aber doch)* drücken einen Gegensatz oder eine Einschränkung aus:

Non sono sicuro, ma credo ...	*Ich bin nicht sicher, aber ich glaube ...*
Ho molto da fare, tuttavia cercherò ...	*Ich habe viel zu tun, trotzdem werde ich versuchen ...*

Wieder andere, wie *perciò (deshalb), dunque / quindi / allora (also, folglich)* geben den Grund oder die Folge an:

Ha la febbre, perciò non può uscire.	*Er hat Fieber, deshalb darf er nicht ausgehen.*

Manche haben eine erläuternde Funktion wie *cioè (das heißt), infatti (tatsächlich, in der Tat)*:

Tornerò fra un mese, cioè alla fine di aprile.	*Ich werde in einem Monat zurück sein, das heißt bis Ende April.*

34.2 Unterordnende Konjunktionen

Die unterordnenden Konjunktionen verbinden Hauptsätze mit Nebensätzen. Hierzu zählen:

126

Konjunktion **34**

Temporale Konjunktionen

Quando (als, wenn), appena (sobald), prima che (bevor, ehe), dopo che (nach-dem), finché (bis) etc. geben an, wann etwas geschieht:

> Appena arriva, chiamatemi! *Sobald er da ist, ruft mich an!*

Kausale Konjunktionen

Poiché / siccome / dato che / visto che (da, weil), perché (weil) etc. geben an, warum etwas geschieht:

> Poiché nevicava, abbiamo *Da es schneite, haben wir*
> rimandato la partenza. *die Abfahrt verschoben.*
>
> Abbiamo rimandato la *Wir haben die Abfahrt verschoben,*
> partenza perché nevicava. *weil es schneite.*

❗ Bei *Poiché / siccome / dato che / visto che* geht der Nebensatz dem Haupt-satz voran.

Finale Konjunktionen

Affinché / perché (damit) etc. werden zur Angabe des Zwecks gebraucht:

> Affinché / perché mi *Damit ihr mich besser versteht ...*
> capiate meglio ...

❗ *Affinché / perché* in der Bedeutung *damit* verlangen den Konjunktiv.

Konsekutive Konjunktionen

Cosicché (so dass), tanto ... che / a tal punto che (so sehr, dass) etc. leiten im Nebensatz die Folgen der Handlung des Hauptsatzes ein:

> Avevo tanta sete che ho *Ich hatte so einen Durst, dass ich einen*
> bevuto un litro di birra. *Liter Bier getrunken habe.*

Modale Konjunktionen

Come (wie), come se / quasi (als ob) etc. geben die Art und Weise an, wie etwas geschieht.

127

34 Konjunktion

Fai come se fossi a casa tua.	*Tu als ob du zu Hause wärest.*
Gridava quasi fosse impazzita.	*Sie schrie, als ob sie verrückt geworden wäre.*

❗ *Come se* und *quasi* (literarisch) verlangen den Konjunktiv.

Konditionale Konjunktionen

Se / qualora / nel caso che (falls, wenn), a meno che non (es sei denn, dass), purché (nur wenn), a patto che / a condizione che (vorausgesetzt, dass) etc. geben Voraussetzungen oder Bedingungen an, unter denen etwas geschieht:

Se ho tempo, ti aiuto.	*Wenn ich Zeit habe, helfe ich dir.*
Se avessi soldi, comprerei una barca.	*Wenn ich Geld hätte, würde ich ein Boot kaufen.*
Te lo presto, purché tu me lo restituisca presto.	*Ich leihe es dir nur, wenn du es mir bald zurückgibst.*

❗ Konditionale Konjunktionen verlangen den Konjunktiv. Zu *se* + Bedingungssätze → Kap. 31.

Konzessive Konjunktionen

Benché / sebbene / quantunque / nonostante (che) / malgrado (che) / per quanto (obwohl), anche se (auch wenn) etc. zeigen an, dass die Handlung im Gegensatz oder in einer gewissen Einschränkung zur Hauptsatz-Handlung steht:

Benché lo sappiano, ...	*Obwohl sie es wissen, ...*
Anche se lo sapessi, non te lo direi.	*Auch wenn ich es wüsste, würde ich es dir nicht sagen.*
Anche se fa freddo, usciamo.	*Auch wenn es kalt ist, gehen wir aus.*

❗ Konzessive Konjunktionen verlangen den Konjunktiv. Nach *anche se* kann jedoch Indikativ oder Konjunktiv folgen. Siehe auch Bedingungssätze, → Kap. 31.

128

35 Satzteile und ihre Stellung im Satz

35.1 Aussagesatz

Ein Satz besteht aus bestimmten Satzgliedern wie Subjekt, Prädikat, Objekt. Im Italienischen gilt im Allgemeinen folgende Reihenfolge der einzelnen Satzglieder:

Subjekt – Prädikat – direktes (Akkusativ-) Objekt – indirektes (Dativ-) Objekt

Marco	ha restituito	il libro	a Carla.
Subjekt	Prädikat	direktes Objekt	indirektes Objekt

Marco hat Carla das Buch zurückgegeben.

Diese Reihenfolge bleibt auch dann erhalten, wenn der Satz durch eine adverbiale Bestimmung eingeleitet wird. Sie gilt ebenso für Nebensätze:

Ieri Marco ha restituito il libro a Carla.
Gestern hat Marco das Buch Carla zurückgegeben.

Mi ha detto che Marco ha restituito il libro a Carla.
Er hat mir gesagt, dass Marco das Buch Carla zurückgegeben hat.

Abweichende Subjektstellung

Abweichend von der Grundregel steht das Subjekt nach dem Prädikat:

- nach den Ausdrücken *c'è* und *ci sono*:

  C'è un bar qui vicino?   *Gibt es hier in der Nähe ein Café?*

- in *si*-Sätzen:

  Si visiteranno molti castelli.   *Man wird viele Schlösser besichtigen.*

- nach der direkten Rede, wenn der übergeordnete Satz nachgestellt ist:

  „Me ne vado", disse Luisa.   *„Ich gehe", sagte Luisa.*

- wenn das Subjekt Schwerpunkt der Aussage ist:

  È stata Carla!   *Carla ist es gewesen!*

129

35 *Satzteile und ihre Stellung im Satz*

- in Fragesätzen (→ 35.3):

È arrivato Piero? *Ist Piero angekommen?*

Abweichende Objektstellung (direktes Objekt)

Man kann das direkte Objekt hervorheben, indem man es an den Satzanfang stellt. In diesem Fall ist aber die Wiederaufnahme durch ein Personalpronomen erforderlich:

Monaco la conosco bene. *München kenne ich gut.*

Abweichende Objektstellung (indirektes Objekt)

Das indirekte Objekt kann ebenfalls hervorgehoben werden, indem man es vor das Verb stellt:

Ai miei genitori scrivo domani. *Meinen Eltern schreibe ich morgen.*

Das indirekte Objekt steht vor dem direkten Objekt, wenn letzteres durch einen Relativsatz näher bestimmt ist:

Hai spedito a Ida le foto che voleva? *Hast du Ida die Fotos geschickt, die sie wollte?*

35.2 Stellung der adverbialen Bestimmung

Das ist ein komplexeres Thema, das viele Sonderfälle aufweist.
Orts- und Zeitangaben stehen in der Regel am Satzanfang oder am Satzende, manchmal auch gleich nach dem Verb:

Da mesi aspettiamo vostre notizie. *Seit Monaten warten wir auf Nachrichten von euch.*

Aspettiamo vostre notizie **da mesi**. *Wir warten auf Nachrichten von euch seit Monaten.*

Aspettiamo **da mesi** vostre notizie. *Wir warten seit Monaten auf Nachrichten von euch.*

130

Satzteile und ihre Stellung im Satz **35**

Adverbiale Bestimmungen, die eine notwendige Ergänzung des Verbs sind, können nicht am Satzanfang stehen:

Ci vediamo in ufficio.	*Wir sehen uns im Büro.*
Lavoro alla Siemens.	*Ich arbeite bei Siemens.*
Vai in aereo?	*Fliegst du?*

Adverbiale Bestimmungen, die eine Bewertung der Aussage enthalten, stehen in der Regel am Satzanfang:

Per fortuna non gli è successo niente.	*Zum Glück ist ihm nichts passiert.*

Treffen Orts- und Zeitbestimmungen aufeinander, so steht die Ortsbestimmung nach dem Verb, die Zeitbestimmung davor. Es können auch beide nach dem Verb stehen, dann gilt die Regel: Orts- vor Zeitbestimmung:

Fra alcuni giorni partirò per Roma.	*In einigen Tagen werde ich nach Rom fahren.*
Partirò per Roma fra alcuni giorni.	*In einigen Tagen werde ich nach Rom fahren.*

Trifft die Ortsangabe auf eine andere adverbiale Bestimmung, so geht sie ihr voran:

Vado a Milano per lavoro.	*Ich fahre beruflich nach Mailand.*

35.3 Stellung der Satzglieder im Fragesatz

Man kann einen Aussagesatz in einen Fragesatz umwandeln, indem man die Betonung verändert, d. h. die Stimme am Satzende anhebt:

Aussagesatz:	Mario è d'accordo.	*Mario ist einverstanden.*
Fragesatz:	Mario è d'accordo?	*Ist Mario einverstanden?*

Üblicherweise bildet man jedoch einen Fragesatz, indem man das Subjekt an das Satzende stellt:

È d'accordo Mario?	*Ist Mario einverstanden?*

Wenn der Fragesatz durch ein Fragepronomen eingeleitet wird, steht das Subjekt am Satzende:

Dov'è la fermata?	*Wo ist die Haltestelle?*

131

36 Die Verneinung

36.1 Gebrauch von *non*

Im Italienischen bildet man einen verneinten Satz dadurch, dass man die Negation *non (nicht)* vor das Verb setzt. Enthält der Satz ein unbetontes Objektpronomen, so steht *non* vor dem Pronomen:

Non ho chiuso occhio.	*Ich habe kein Auge zugetan.*
Non le piace.	*Es gefällt ihr nicht.*
Perché non ne parli con lui?	*Warum sprichst du nicht mit ihm darüber?*

Non kann auch dem deutschen *kein* entsprechen:

Non ho soldi.	*Ich habe kein Geld.*
Non ha amici.	*Er hat keine Freunde.*

36.2 Gebrauch von *no*

No (nein) begleitet die Negation *non* in ja/nein-Antworten. Es kann auch dem deutschen *nicht* entsprechen, wenn es am Satzende steht:

Viene anche lei? No, non ha tempo.	*Kommt sie auch mit? Nein, sie hat keine Zeit.*
Credo di no.	*Ich glaube nicht.*
No, tu no!	*Nein, du nicht!*

36.3 Die mehrteilige Verneinung

Einige Adverbien und Pronomen werden durch die Negation *non* ergänzt, wenn sie nach dem Verb stehen, z. B.: *non ... mai (nie), non ... più (nicht mehr), non ... affatto (überhaupt nicht), non ... mica (gar nicht, doch nicht), non ... né ... né (weder ... noch), non ... nessuno (niemand, kein), non ... niente / nulla (nichts), non ... neanche / neppure / nemmeno (auch nicht, nicht einmal).*

Non beve mai caffè.	*Er/sie trinkt nie Kaffee.*
Non fumo più.	*Ich rauche nicht mehr.*

Die Verneinung **36**

Non sono affatto contenta.	*Ich bin überhaupt nicht zufrieden.*
Non è mica vero!	*Es ist gar nicht wahr!*
Non conosciamo nessuno.	*Wir kennen niemanden.*
Non ho nessuna voglia di vederlo.	*Ich habe keine Lust, ihn zu sehen.*
Non ha mangiato neanche la torta.	*Er hat nicht einmal den Kuchen gegessen!*

Stehen sie vor dem Verb, werden sie ohne die Negation *non* verwendet:

Nessuno mi aiuta!	*Niemand hilft mir!*
Neanche lui è d'accordo.	*Auch er ist nicht einverstanden.*
Niente la interessa.	*Nichts interessiert sie!*

Mai und *più* stehen bei zusammengesetzten Zeiten meist zwischen Hilfsverb und Partizip Perfekt:

Non li ho più visti.	*Ich habe sie nie mehr gesehen.*
Non ho mai detto che ...	*Ich habe nie gesagt, dass ...*

36.4 Besonderheiten

Nessuno, niente, mica, mai können auch die Bedeutung *jemand, etwas, wohl/ etwa, jemals* haben. In diesem Fall werden sie ohne die Negation *non* verwendet:

Ha telefonato nessuno?	*Hat jemand angerufen?*
Ti hanno detto niente?	*Haben sie dir etwas gesagt?*
Ci siete mai stati?	*Seid ihr jemals dort gewesen?*
Mica male quel ragazzo!	*Nicht schlecht, der Junge da!*
Mica male quel vestito!	*Nicht schlecht, dieses Kleid da!*

133

Verbtabellen

Regelmäßige Verben

Verben auf -*are* (1. Konjugation)

Infinitiv:	aspettare *(warten)*
Gerundium:	aspettando / avendo aspettato
Partizip Perfekt:	aspettato, -a, -i, -e

	Indikativ				Konjunktiv		
	Präsens	**Perfekt**			**Präsens**	**Perfekt**	
io	aspetto	ho	aspettato		aspetti	abbia	aspettato
tu	aspetti	hai	aspettato		aspetti	abbia	aspettato
lui	aspetta	ha	aspettato		aspetti	abbia	aspettato
noi	aspettiamo	abbiamo	aspettato		aspettiamo	abbiamo	aspettato
voi	aspettate	avete	aspettato		aspettiate	abbiate	aspettato
loro	aspettano	hanno	aspettato		aspettino	abbiano	aspettato
	Imperfekt	**Plusquamperfekt**			**Imperfekt**	**Plusquamperfekt**	
io	aspettavo	avevo	aspettato		aspettassi	avessi	aspettato
tu	aspettavi	avevi	aspettato		aspettassi	avessi	aspettato
lui	aspettava	aveva	aspettato		aspettasse	avesse	aspettato
noi	aspettavamo	avevamo	aspettato		aspettassimo	avessimo	aspettato
voi	aspettavate	avevate	aspettato		aspettaste	aveste	aspettato
loro	aspettavano	avevano	aspettato		aspettassero	avessero	aspettato
	Passato remoto	**Trapassato remoto**			**Imperativ**		
io	aspettai	ebbi	aspettato				
tu	aspettasti	avesti	aspettato		aspetta		
lui	aspettò	ebbe	aspettato		aspetti		
noi	aspettammo	avemmo	aspettato		aspettiamo		
voi	aspettaste	aveste	aspettato		aspettate		
loro	aspettarono	ebbero	aspettato		aspettino		
	Futur I	**Futur II**			**Konditional I**	**Konditional II**	
io	aspetterò	avrò	aspettato		aspetterei	avrei	aspettato
tu	aspetterai	avrai	aspettato		aspetteresti	avresti	aspettato
lui	aspetterà	avrà	aspettato		aspetterebbe	avrebbe	aspettato
noi	aspetteremo	avremo	aspettato		aspetteremmo	avremmo	aspettato
voi	aspetterete	avrete	aspettato		aspettereste	avreste	aspettato
loro	aspetteranno	avranno	aspettato		aspetterebbero	avrebbero	aspettato

Verbtabellen

Verben auf -*ere* (2. Konjugation)

Infinitiv:	credere *(glauben)*
Gerundium:	credendo / avendo creduto
Partizip Perfekt:	creduto, -a, -i, -e

	Indikativ			Konjunktiv	
	Präsens	**Perfekt**		**Präsens**	**Perfekt**
io	credo	ho creduto		creda	abbia creduto
tu	credi	hai creduto		creda	abbia creduto
lui	crede	ha creduto		creda	abbia creduto
noi	crediamo	abbiamo creduto		crediamo	abbiamo creduto
voi	credete	avete creduto		crediate	abbiate creduto
loro	credono	hanno creduto		credano	abbiano creduto
	Imperfekt	**Plusquamperfekt**		**Imperfekt**	**Plusquamperfekt**
io	credevo	avevo creduto		credessi	avessi creduto
tu	credevi	avevi creduto		credessi	avessi creduto
lui	credeva	aveva creduto		credesse	avesse creduto
noi	credevamo	avevamo creduto		credessimo	avessimo creduto
voi	credevate	avevate creduto		credeste	aveste creduto
loro	credevano	avevano creduto		credessero	avessero creduto
	Passato remoto	**Trapassato remoto**			

	Passato remoto	Trapassato remoto		Imperativ
io	credei / credetti	ebbi creduto		
tu	credesti	avesti creduto		credi
lui	credé / credette	ebbe creduto		creda
noi	credemmo	avemmo creduto		crediamo
voi	credeste	aveste creduto		credete
loro	crederono / cre- dettero	ebbero creduto		credano

	Futur I	Futur II		Konditional I	Konditional II
io	crederò	avrò creduto		crederei	avrei creduto
tu	crederai	avrai creduto		crederesti	avresti creduto
lui	crederà	avrà creduto		crederebbe	avrebbe creduto
noi	crederemo	avremo creduto		crederemmo	avremmo creduto
voi	crederete	avrete creduto		credereste	avreste creduto
loro	crederanno	avranno creduto		crederebbero	avrebbero creduto

135

Verbtabellen

Verben auf *-ire* (3. Konjugation)

Infinitiv:	sentire *(hören)*
Gerundium:	sentendo / avendo sentito
Partizip Perfekt:	sentito, -a, -i, -e

Indikativ

	Präsens	Perfekt	
io	sento	ho	sentito
tu	senti	hai	sentito
lui	sente	ha	sentito
noi	sentiamo	abbiamo	sentito
voi	sentite	avete	sentito
loro	sentono	hanno	sentito

	Imperfekt	Plusquamperfekt	
io	sentivo	avevo	sentito
tu	sentivi	avevi	sentito
lui	sentiva	aveva	sentito
noi	sentivamo	avevamo	sentito
voi	sentivate	avevate	sentito
loro	sentivano	avevano	sentito

	Passato remoto	Trapassato remoto	
io	sentii	ebbi	sentito
tu	sentisti	avesti	sentito
lui	sentì	ebbe	sentito
noi	sentimmo	avemmo	sentito
voi	sentiste	aveste	sentito
loro	sentirono	ebbero	sentito

	Futur I	Futur II	
io	sentirò	avrò	sentito
tu	sentirai	avrai	sentito
lui	sentirà	avrà	sentito
noi	sentiremo	avremo	sentito
voi	sentirete	avrete	sentito
loro	sentiranno	avranno	sentito

Konjunktiv

	Präsens	Perfekt	
	senta	abbia	sentito
	senta	abbia	sentito
	senta	abbia	sentito
	sentiamo	abbiamo	sentito
	sentiate	abbiate	sentito
	sentano	abbiano	sentito

	Imperfekt	Plusquamperfekt	
	sentissi	avessi	sentito
	sentissi	avessi	sentito
	sentisse	avesse	sentito
	sentissimo	avessimo	sentito
	sentiste	aveste	sentito
	sentissero	avessero	sentito

Imperativ

senti
senta
sentiamo
sentite
sentano

Konditional I	Konditional II	
sentirei	avrei	sentito
sentiresti	avresti	sentito
sentirebbe	avrebbe	sentito
sentiremmo	avremmo	sentito
sentireste	avreste	sentito
sentirebbero	avrebbero	sentito

Verbtabellen

Verben auf -*ire* mit Stammerweiterung

Viele Verben auf -*ire* erweitern ihren Stamm um die Silbe -*isc* im Ind. + Konj. Präsens und im Imperativ. Beachten Sie aber, dass die 1. und 2. Pers. Pl. regelmäßig gebildet werden.

Infinitiv:	finire *(beenden)*
Gerundium:	finendo / avendo finito
Partizip Perfekt:	finito, -a, -i, -e

	Indikativ		Konjunktiv	
	Präsens	**Perfekt**	**Präsens**	**Perfekt**
io	*finisco*	ho finito	*finisca*	abbia finito
tu	*finisci*	hai finito	*finisca*	abbia finito
lui	*finisce*	ha finito	*finisca*	abbia finito
noi	finiamo	abbiamo finito	finiamo	abbiamo finito
voi	finite	avete finito	finiate	abbiate finito
loro	*finiscono*	hanno finito	*finiscano*	abbiano finito

	Imperfekt	**Plusquamperfekt**	**Imperfekt**	**Plusquamperfekt**
io	finivo	avevo finito	finissi	avessi finito
tu	finivi	avevi finito	finissi	avessi finito
lui	finiva	aveva finito	finisse	avesse finito
noi	finivamo	avevamo finito	finissimo	avessimo finito
voi	finivate	avevate finito	finiste	aveste finito
loro	finivano	avevano finito	finissero	avessero finito

	Passato remoto	**Trapassato remoto**
io	finii	ebbi finito
tu	finisti	avesti finito
lui	finì	ebbe finito
noi	finimmo	avemmo finito
voi	finiste	aveste finito
loro	finirono	ebbero finito

Imperativ
finisci
finisca
finiamo
finite
finiscano

	Futur I	**Futur II**	**Konditional I**	**Konditional II**
io	finirò	avrò finito	finirei	avrei finito
tu	finirai	avrai finito	finiresti	avresti finito
lui	finirà	avrà finito	finirebbe	avrebbe finito
noi	finiremo	avremo finito	finiremmo	avremmo finito
voi	finirete	avrete finito	finireste	avreste finito
loro	finiranno	avranno finito	finirebbero	avrebbero finito

Weitere Verben mit Stammerweiterung → Kap. 16.1

Verbtabellen

Hilfsverben

essere

Infinitiv:	essere *(sein)*
Gerundium:	essendo / essendo stato
Partizip Perfekt:	stato, -a, -i, -e

	Indikativ				Konjunktiv			
	Präsens	**Perfekt**			**Präsens**	**Perfekt**		
io	sono	sono	stato, -a		sia	sia	stato, -a	
tu	sei	sei	stato, -a		sia	sia	stato, -a	
lui	è	è	stato, -a		sia	sia	stato, -a	
noi	siamo	siamo	stati, -e		siamo	siamo	stati, -e	
voi	siete	siete	stati, -e		siate	siate	stati, -e	
loro	sono	sono	stati, -e		siano	siano	stati, -e	
	Imperfekt	**Plusquamperfekt**			**Imperfekt**	**Plusquamperfekt**		
io	ero	ero	stato, -a		fossi	fossi	stato, -a	
tu	eri	eri	stato, -a		fossi	fossi	stato, -a	
lui	era	era	stato, -a		fosse	fosse	stato, -a	
noi	eravamo	eravamo	stati, -e		fossimo	fossimo	stati, -e	
voi	eravate	eravate	stati, -e		foste	foste	stati, -e	
loro	erano	erano	stati, -e		fossero	fossero	stati, -e	
	Passato remoto	**Trapassato remoto**			**Imperativ**			
io	fui	fui	stato, -a					
tu	fosti	fosti	stato, -a		sii			
lui	fu	fu	stato, -a		sia			
noi	fummo	fummo	stati, -e		siamo			
voi	foste	foste	stati, -e		siate			
loro	furono	furono	stati, -e		siano			
	Futur I	**Futur II**			**Konditional I**	**Konditional II**		
io	sarò	sarò	stato, -a		sarei	sarei	stato, -a	
tu	sarai	sarai	stato, -a		saresti	saresti	stato, -a	
lui	sarà	sarà	stato, -a		sarebbe	sarebbe	stato, -a	
noi	saremo	saremo	stati, -e		saremmo	saremmo	stati, -e	
voi	sarete	sarete	stati, -e		sareste	sareste	stati, -e	
loro	saranno	saranno	stati, -e		sarebbero	sarebbero	stati, -e	

Verbtabellen

avere

Infinitiv:	avere *(haben)*
Gerundium:	avendo / avendo avuto
Partizip Perfekt:	avuto, -a, -i, -e

	Indikativ				Konjunktiv		
	Präsens	**Perfekt**			**Präsens**	**Perfekt**	
io	ho	ho	avuto		abbia	abbia	avuto
tu	hai	hai	avuto		abbia	abbia	avuto
lui	ha	ha	avuto		abbia	abbia	avuto
noi	abbiamo	abbiamo	avuto		abbiamo	abbiamo	avuto
voi	avete	avete	avuto		abbiate	abbiate	avuto
loro	hanno	hanno	avuto		abbiano	abbiano	avuto
	Imperfekt	**Plusquamperfekt**			**Imperfekt**	**Plusquamperfekt**	
io	avevo	avevo	avuto		avessi	avessi	avuto
tu	avevi	avevi	avuto		avessi	avessi	avuto
lui	aveva	aveva	avuto		avesse	avesse	avuto
noi	avevamo	avevamo	avuto		avessimo	avessimo	avuto
voi	avevate	avevate	avuto		aveste	aveste	avuto
loro	avevano	avevano	avuto		avessero	avessero	avuto
	Passato remoto	**Trapassato remoto**			**Imperativ**		
io	ebbi	ebbi	avuto				
tu	avesti	avesti	avuto		abbi		
lui	ebbe	ebbe	avuto		abbia		
noi	avemmo	avemmo	avuto		abbiamo		
voi	aveste	aveste	avuto		abbiate		
loro	ebbero	ebbero	avuto		abbiano		
	Futur I	**Futur II**			**Konditional I**	**Konditional II**	
io	avrò	avrò	avuto		avrei	avrei	avuto
tu	avrai	avrai	avuto		avresti	avresti	avuto
lui	avrà	avrà	avuto		avrebbe	avrebbe	avuto
noi	avremo	avremo	avuto		avremmo	avremmo	avuto
voi	avrete	avrete	avuto		avreste	avreste	avuto
loro	avranno	avranno	avuto		avrebbero	avrebbero	avuto

139

Verbtabellen

Unregelmäßige Verben

Die folgende Tabelle enthält eine Auswahl wichtiger unregelmäßiger Verben. In Fettdruck hervorgehoben sind die unregelmäßigen Formen sowie solche, die in irgendeiner Weise von der Regel abweichen.

	Präsens	Passato Remoto	Perfekt
accendere	accendo, accendi, accende, accendiamo, accendete, accendono	**accesi**	ho **acceso**
accogliere	**accolgo, accogli,** accoglie, **accogliamo,** accogliete, **accolgono**	**accolsi**	ho **accolto**
ammettere	ammetto, ammetti, ammette, ammettiamo, ammettete, ammettono	**ammisi**	ho **ammesso**
andare	**vado, vai, va,** andiamo, andate, **vanno**	andai	sono andato, -a
appendere	appendo, appendi, appende, appendiamo, appendete, appendono	**appesi**	ho **appeso**
bere	**bevo, bevi, beve, beviamo, bevete, bevono**	**bevvi**	ho **bevuto**
cadere	cado, cadi, cade, cadiamo, cadete, cadono	**caddi**	sono caduto, -a
chiedere	chiedo, chiedi, chiede, chiediamo, chiedete, chiedono	**chiesi**	ho **chiesto**
chiudere	chiudo, chiudi, chiude, chiudiamo, chiudete, chiudono	**chiusi**	ho **chiuso**
cogliere	**colgo, cogli,** coglie, **cogliamo,** cogliete, **colgono**	**colsi**	ho **colto**
comparire	**compaio,** compari, compare, compariamo, comparite, **compaiono**	comparii (-arsi, -arvi)	sono **comparso, -a**
compiere	compio, **compi,** compie, **compiamo,** compiete, compiono	compii	ho compiuto
concedere	concedo, concedi, concede, concediamo, concedete, concedono	**concessi**	ho **concesso**
concludere	concludo, concludi, conclude, concludiamo, concludete, concludono	**conclusi**	ho **concluso**
confondere	confondo, confondi, confonde, confondiamo, confondete, confondono	**confusi**	ho **confuso**
conoscere	conosco, conosci, conosce, conosciamo, conoscete, conoscono	**conobbi**	ho **conosciuto**

Verbtabellen

Futur	Kondi-tional	Imperativ	Konjunktiv Präsens	Konjunktiv Imperfekt
accenderò	accenderei	accendi, accenda, accendiamo, accendete, accendano	accenda	accendessi
accoglierò	accoglierei	**accogli, accolga, accogliamo,** accogliete, **accolgano**	**accolga**	accogliessi
ammetterò	ammetterei	ammetti, ammetta, ammet-tiamo, ammettete, ammettano	ammetta	ammettessi
andrò	**andrei**	**vai, vada,** andiamo, andate, **vadano**	**vada**	andassi
appenderò	appenderei	appendi, appenda, appen-diamo, appendete, appendano	appenda	appendessi
berrò	**berrei**	**bevi, beva,** **beviamo, bevete, bevano**	**beva**	**bevessi**
cadrò	**cadrei**	cadi, cada, cadiamo, cadete, cadano	cada	cadessi
chiederò	chiederei	chiedi, chieda, chiediamo, chiedete, chiedano	chieda	chiedessi
chiuderò	chiuderei	chiudi, chiuda, chiudiamo, chiudete, chiudano	chiuda	chiudessi
coglierò	coglierei	**cogli, colga,** **cogliamo,** cogliete, **colgano**	**colga**	cogliessi
comparirò	comparirei	compari, **compaia,** compa-riamo, comparite, **compaiano**	**compaia**	comparissi
compirò	**compirei**	**compi,** compia, **compiamo, compite,** compiano	compia	**compissi**
concederò	concederei	concedi, conceda, conce-diamo, concedete, concedano	conceda	concedessi
concluderò	concluderei	concludi, concluda, conclu-diamo, concludete, concludano	concluda	concludessi
confonderò	confonderei	confondi, confonda, confon-diamo, confondete, confondano	confonda	confondessi
conoscerò	conoscerei	conosci, conosca, cono-sciamo, conoscete, conoscano	conosca	conoscessi

Verbtabellen

	Präsens	Passato Remoto	Perfekt
correggere	correggo, correggi, corregge, correggiamo, correggete, correggono	**corressi**	ho **corretto**
correre	corro, corri, corre, corriamo, correte, corrono	**corsi**	ho **corso**
crescere	cresco, cresci, cresce, cresciamo, crescete, crescono	**crebbi**	sono **cresciuto, -a**
dare	do, **dai dà,** diamo, date, **danno**	**diedi (detti), desti, diede (dette), demmo, deste, diedero (dettero)**	ho dato
decidere	decido, decidi, decide, decidiamo, decidete, decidono	**decisi**	ho **deciso**
dipingere	dipingo, dipingi, dipinge, dipingiamo, dipingete, dipingono	**dipinsi**	ho **dipinto**
dire	**dico, dici, dice, diciamo, dite, dicono**	**dissi**	ho **detto**
dirigere	dirigo dirigi, dirige, dirigiamo, dirigete. dirigono	**diressi**	ho **diretto**
discutere	discuto, dicuti, discute, discutiamo, discutete, discutono	**discussi**	ho **discusso**
dovere	**devo, devi, deve, dobbiamo,** dovete, **devono**	dovei (dovetti)	ho dovuto
emergere	emergo, emergi, emerge, emergiamo, emergete, emergono	**emersi**	sono **emerso, -a**
escludere	escludo, escludi, esclude, escludiamo, escludete, escludono	**esclusi**	ho **escluso**
fare	**faccio, fai, fa, facciamo, fate, fanno**	**feci**	ho **fatto**
fingere	fingo, fingi, finge, fingiamo, fingete, fingono	**finsi**	**ho finto**
giungere	giungo, giungi, giunge, giungiamo, giungete, giungono	**giunsi**	sono **giunto, -a**

Verbtabellen

Futur	Kondi-tional	Imperativ	Konjunktiv Präsens	Konjunktiv Imperfekt
correggerò	correggerei	correggi, corregga, correg-giamo, correggete, correggano	corregga	correggessi
correrò	correrei	corri, corra, corriamo, correte, corrano	corra	corressi
crescerò	crescerei	cresci, cresca, cresciamo, crescete, crescano	cresca	crescessi
darò	**darei**	**da' (dai), dia,** diamo, date, **diano**	**dia**	**dessi**
deciderò	deciderei	decidi, decida, decidiamo, decidete, decidano	decida	decidessi
dipingerò	dipingerei	dipingi, dipinga, dipingiamo, dipingete, dipingano	dipinga	dipingessi
dirò	direi	**di', dica,** **diciamo, dite, dicano**	**dica**	**dicessi**
dirigerò	dirigerei	dirigi, diriga, dirigiamo, dirigete. dirigano	diriga	dirigessi
discuterò	discuterei	dicuti, discuta, discutiamo, discutete, discutano	discuta	discutessi
dovrò	**dovrei**	–	**debba**	**dovessi**
emergerò	emergerei	emergi, emerga, emergiamo, emergete, emergano	emerga	emergessi
escluderò	escluderei	escludi, escluda, escludiamo, escludete, escludano	escluda	escludessi
farò	**farei**	**fa' (fai), faccia,** **facciamo, fate, facciano**	**faccia**	**facessi**
fingerò	fingerei	fingi, finga, fingiamo, fingete, fingano	finga	fingessi
giungerò	giungerei	giungi, giunga, giungiamo, giungete, giungano	giunga	giungessi

143

Verbtabellen

	Präsens	Passato Remoto	Perfekt
mettere	metto, metti, mette, mettiamo, mettete, mettono	**misi**	ho **messo**
morire	**muoio, muori, muore,** moriamo, morite, **muoiono**	morii	sono **morto, -a**
muovere	muovo, muovi, muove, muoviamo, muovete, muovono	**mossi**	ho **mosso**
nascere	nasco, nasci, nasce, nasciamo, nascete, nascono	**nacqui**	sono **nato, -a**
nascondere	nascondo, nascondi, nasconde, nascondiamo, nascondete, nascondono	**nascosi**	ho **nascosto**
offendere	offendo, offendi, offende, offendiamo, offendete, offendono	**offesi**	ho **offeso**
perdere	perdo, perdi, perde, perdiamo, perdete, perdono	**persi**	ho **perso**
piacere	**piaccio,** piaci, piace, **piacciamo,** piacete, **piacciono**	**piacqui**	sono **piaciuto, -a**
porgere	porgo, porgi, porge, porgiamo, porgete, porgono	**porsi**	ho **porto**
potere	**posso, puoi, può, possiamo,** potete, **possono**	potei	ho potuto
prendere	prendo, prendi, prende, prendiamo, prendete, prendono	**presi**	ho **preso**
promettere	prometto, prometti, promette, promettiamo, promettete, promettono	**promisi**	ho **promesso**
proporre	**propongo, proponi, propone, proponiamo, proponete, propongono**	**proposi**	ho **proposto**
raccogliere	**raccolgo, raccogli,** raccoglie, **raccogliamo,** raccogliete, **raccolgono**	**raccolsi**	ho **raccolto**
rendere	rendo, rendi, rende, rendiamo, rendete, rendono	**resi**	ho **reso**
riconoscere	riconosco, riconosci, riconosce, riconosciamo, riconoscete, riconoscono	**riconobbi**	ho **riconosciuto**
ridere	rido, ridi, ride, ridiamo, ridete, ridono	**risi**	ho **riso**

144

Verbtabellen

Futur	Konditional	Imperativ	Konjunktiv Präsens	Konjunktiv Imperfekt
metterò	metterei	metti, metta, mettiamo, mettete, mettano	metta	mettessi
morirò	morirei	**muori, muoia,** moriamo, morite, **muoiano**	**muoia**	morissi
moverò (muoverò)	**moverei** (muoverei)	muovi, muova, **moviamo, movete,** muovano	muova **moviamo moviate**	**movessi** (muovessi)
nascerò	nascerei	nasci, nasca, nasciamo, nascete, nascano	nasca	nascessi
nasconderò	nasconderei	nascondi, nasconda, nascondiamo, nascondete, nascondano	nasconda	nascondessi
offenderò	offenderei	offendi, offenda, offendiamo, offendete, offendano	offenda	offendessi
perderò	perderei	perdi, perda, perdiamo, perdete, perdano	perda	perdessi
piacerò	piacerei	– – –	**piaccia**	piacessi
porgerò	porgerei	porgi, porga, porgiamo, porgete, porgano	porga	porgessi
potrò	**potrei**	– – –	**possa**	potessi
prenderò	prenderei	prendi, prenda, prendiamo, prendete, prendano	prenda	prendessi
prometterò	prometterei	prometti, prometta, promettiamo, promettete, promettano	prometta	promettessi
proporrò	**proporrei**	**proponi, proponga, proponiamo, proponete, propongano**	**proponga**	**proponessi**
raccoglierò	raccoglierei	**raccogli, raccolga, raccogliamo,** raccogliete, **raccolgano**	**raccolga**	raccogliessi
renderò	renderei	rendi, renda, rendiamo, rendete, rendano	renda	rendessi
riconoscerò	riconoscerei	riconosci, riconosca, riconosciamo, riconoscete, riconoscano	riconosca	riconoscessi
riderò	riderei	ridi, rida, ridiamo, ridete, ridano	rida	ridessi

145

Verbtabellen

	Präsens	Passato Remoto	Perfekt
riempire	**riempio,** riempi, **riempie,** riempiamo, riempite, **riempiono**	riempii	ho riempito
riflettere	rifletto, rifletti, riflette, riflettiamo, riflettete, riflettono	**riflessi** (-ettei)	ho riflettuto
rimanere	**rimango,** rimani, rimane, rimaniamo, rimanete, **rimangono**	**rimasi**	sono **rimasto, -a**
risolvere	risolvo, risolvi, risolve, risolviamo, risolvete, risolvono	**risolsi**	ho **risolto**
rispondere	rispondo, rispondi, risponde, rispondiamo, rispondete, rispondono	**risposi**	ho **risposto**
ritenere	**ritengo, ritieni, ritiene,** riteniamo, ritenete, **ritengono**	**ritenni**	ho ritenuto
riuscire	**riesco, riesci, riesce,** riusciamo, riuscite, **riescono**	riuscii	sono riuscito, -a
rompere	rompo, rompi, rompe, rompiamo, rompete, rompono	**ruppi**	ho **rotto**
salire	**salgo,** sali, sale, saliamo, salite, **salgono**	salii	sono salito, -a (ho salito)
sapere	**so, sai, sa,** **sappiamo,** sapete, **sanno**	**seppi,** sapesti **seppe,** sapemmo, sapeste **seppero**	ho saputo
scegliere	**scelgo, scegli,** sceglie, **scegliamo,** scegliete, **scelgono**	**scelsi**	ho **scelto**
scendere	scendo, scendi, scende, scendiamo, scendete, scendono	**scesi**	sono **sceso, -a** (ho **sceso**)
scrivere	scrivo, scrivi, scrive, scriviamo, scrivete, scrivono	**scrissi**	ho **scritto**
sedere	**siedo, siedi, siede,** sediamo, sedete, **siedono**	sedei (sedetti)	sono seduto, -a
sorprendere	sorprendo, sorprendi, sorprende, sorprendiamo, sorprendete, sorprendono	**sorpresi**	ho **sorpreso**
spargere	spargo, spargi, sparge, spargiamo, spargete, spargono	**sparsi**	ho **sparso**

146

Verbtabellen

Futur	Konditional	Imperativ	Konjunktiv Präsens	Konjunktiv Imperfekt
riempirò	riempirei	riempi, **riempia**, riempiamo, riempite, **riempiano**	**riempia**	riempissi
rifletterò	rifletterei	rifletti, rifletta, riflettiamo, riflettete, riflettano	rifletta	riflettessi
rimarrò	**rimarrei**	rimani, **rimanga**, rimaniamo, rimanete, **rimangano**	**rimanga**	rimanessi
risolverò	risolverei	risolvi, risolva, risolviamo, risolvete, risolvano	risolva	risolvessi
risponderò	risponderei	rispondi, risponda, rispondiamo, rispondete, rispondano	risponda	rispondessi
riterrò	**riterrei**	**ritieni, ritenga,** riteniamo, ritenete, **ritengano**	**ritenga**	ritenessi
riuscirò	riuscirei	**riesci, riesca,** riusciamo, riuscite, **riescano**	**riesca**	riuscissi
romperò	romperei	rompi, rompa, rompiamo, rompete, rompano	rompa	rompessi
salirò	salirei	sali, **salga,** saliamo, salite, **salgano**	**salga**	salissi
saprò	**saprei**	**sappi, sappia, sappiamo, sappiate, sappiano**	**sappia**	sapessi
sceglierò	sceglierei	**scegli, scelga, scegliamo,** scegliete, **scelgano**	**scelga**	scegliessi
scenderò	scenderei	scendi, scenda, scendiamo, scendete, scendano	scenda	scendessi
scriverò	scriverei	scrivi, scriva, scriviamo, scrivete, scrivano	scriva	scrivessi
sederò	sederei	**siedi, sieda,** sediamo, sedete, **siedano**	**sieda**	sedessi
sorprenderò	sorprenderei	sorprendi, sorprenda, sorprendiamo, sorprendete, sorprendano	sorprenda	sorprendessi
spargerò	spargerei	spargi, sparga, spargiamo, spargete, spargano	sparga	spargessi

147

Verbtabellen

	Präsens	Passato Remoto	Perfekt
spegnere	**spengo,** spegni, spegne, spegniamo, spegnete, **spengono**	**spensi**	ho **spento**
spendere	spendo, spendi, spende, spendiamo, spendete, spendono	**spesi**	ho **speso**
spingere	spingo, spingi, spinge, spingiamo, spingete, spingono	**spinsi**	ho **spinto**
stare	sto, **stai,** sta, stiamo, state, **stanno**	**stetti, stesti, stette, stemmo, steste, stettero**	sono stato, -a
stringere	stringo, stringi, stringe, stringiamo, stringete, stringono	**strinsi**	ho **stretto**
supporre	**suppongo, supponi, suppone, supponiamo, supponete, suppongono**	**supposi**	ho **supposto**
tacere	**taccio,** taci, tace, **tacciamo,** tacete, **tacciono**	**tacqui**	ho **taciuto**
tenere	**tengo, tieni, tiene,** teniamo, tenete, **tengono**	**tenni**	ho tenuto
togliere	**tolgo, togli,** toglie, **togliamo,** togliete, **tolgono**	**tolsi**	ho **tolto**
tradurre	**traduco, traduci, traduce, traduciamo, traducete, traducono**	**tradussi**	ho **tradotto**
trascorrere	trascorro, trascorri, trascorre, trascorriamo, trascorrete, trascorrono	**trascorsi**	ho **trascorso**
uscire	**esco, esci, esce,** usciamo, uscite, **escono**	uscii	sono uscito, -a
vedere	vedo, vedi, vede, vediamo, vedete, vedono	**vidi**	ho **visto** (veduto)
venire	**vengo, vieni, viene,** veniamo, venite, **vengono**	**venni**	sono **venuto, -a**
vincere	vinco, vinci, vince, vinciamo, vincete, vincono	**vinsi**	ho **vinto**
vivere	vivo, vivi, vive, viviamo, vivete, vivono	**vissi**	sono **vissuto, -a** ho **vissuto**
volere	**voglio, vuoi, vuole, vogliamo,** volete, **vogliono**	**volli,** volesti, **volle** volemmo, vo- leste, **vollero**	ho voluto

148

Verbtabellen

Futur	Konditional	Imperativ	Konjunktiv Präsens	Konjunktiv Imperfekt
spegnerò	spegnerei	spegni, **spenga,** spegniamo, spegnete, **spengano**	**spenga**	spegnessi
spenderò	spenderei	spendi, spenda, spendiamo, spendete, spendano	spenda	spendessi
spingerò	spingerei	spingi, spinga, spingiamo, spingete, spingano	spinga	spingessi
starò	**starei**	**sta' (stai), stia** stiamo, state, **stiano**	**stia**	**stessi**
stringerò	stringerei	stringi, stringa, stringiamo, stringete, stringano	stringa	stringessi
supporrò	**supporrei**	**supponi, supponga, supponiamo, supponete, suppongano**	**supponga**	**supponessi**
tacerò	tacerei	taci, **taccia, tacciamo,** tacete, **tacciano**	**taccia**	tacessi
terrò	**terrei**	**tieni, tenga,** teniamo, tenete, **tengano**	**tenga**	tenessi
toglierò	toglierei	**togli, tolga, togliamo,** togliete, **tolgano**	**tolga**	togliessi
tradurrò	**tradurrei**	**traduci, traduca, traduciamo, traducete, traducano**	**traduca**	**traducessi**
trascorrerò	trascorrerei	trascorri, trascorra, trascorriamo, trascorrete, trascorrano	trascorra	trascorressi
uscirò	uscirei	**esci, esca,** usciamo, uscite, **escano**	**esca**	uscissi
vedrò	**vedrei**	vedi, veda, vediamo, vedete, vedano	veda	vedessi
verrò	**verrei**	**vieni, venga,** (veniamo), venite, **vengano**	**venga**	venissi
vincerò	vincerei	vinci, vinca, vinciamo, vincete, vincano	vinca	vincessi
vivrò	**vivrei**	vivi, viva, viviamo, vivete, vivano	viva	vivessi
vorrò	**vorrei**	– – –	**voglia**	volessi

149

Grammatische Fachausdrücke

In der folgenden Aufstellung finden Sie zuerst die in dieser Grammatik verwendeten Fachausdrücke gefolgt von der deutschen Bezeichnung und der italienischen Entsprechung:

Adjektiv	Eigenschaftswort; *aggettivo: il vestito* **marrone** (das braune Kleid)
Adverb	Umstandswort; *avverbio: Parte* **domani.** (Er fährt morgen ab.)
Akkusativ	4. Fall, Wenfall: **Lo** *faccio subito.* (Ich mache es gleich.)
Aktiv	Tätigkeitsform; *forma attiva: L'uomo* **apre** *la porta.* (Der Mann öffnet die Tür.)
Artikel	Geschlechtswort; *articolo:* **la** *casa;* **un** *amico* (das Haus; ein Freund)
Dativ	3. Fall, Wemfall: **Gli** *scrivo subito.* (Ich schreibe ihm gleich.)
Demonstrativpron.	hinweisendes Fürwort; *aggettivo e pronome dimostrativo:* **questo** *libro;* **questo** (dieses Buch; dieses)
Diphthong	Zwielaut: *piano, ieri, uomo* (langsam, gestern, Mensch)
Femininum	weibliche Form; *femminile: amica, lei, la* (Freundin, sie, die)
Futur I	erste Zukunft; *futuro semplice: Chiederò.* (Ich werde fragen.)
Futur II	zweite Zukunft; *futuro composto: Avrò chiesto.* (Ich werde gefragt haben.)
Genitiv	2. Fall, Wesfall: *L'amico* **del** *padre.* (Der Freund des Vaters.)
Genus	Geschlecht; *genere:* **un** *amico,* **un'**amica (ein Freund, eine Freundin)
Gerundium	gebeugte Grundform des Zeitwortes; *gerundio: comprando* (kaufend, beim Kaufen)
Historisches Perfekt	*passato remoto: comprai* (ich kaufte)
Imperativ	Befehlsform; *imperativo: Vai!* (Geh(e)!)
Imperfekt	Mitvergangenheit; *imperfetto: compravo* (ich kaufte, habe gekauft)

Grammatische Fachausdrücke

Indefinitpron.	unbestimmtes Fürwort; *aggettivo e pronome indefinito:* **qualche** *persona,* **qualcuno** (einige Leute, jemand)
Indikativ	Wirklichkeitsform; *indicativo: Mangio una mela.* (Ich esse einen Apfel.)
indirekte Rede	wiedergegebene Rede; *discorso indiretto: Ha detto che suo marito è in ufficio.* (Sie sagte, ihr Mann sei im Büro.)
Infinitiv	Grundform; *infinito: andare* (gehen)
Interrogativpron.	Fragepronomen; *aggettivo e pronome interrogativo: chi, che cosa?* (wer, was?)
intransitiv	Verb ohne Objekt; *intransitivo: Dorme.* (Sie schläft.)
Komparativ	1. Steigerungsstufe; *comparativo: più lungo* (länger)
Konditional	Bedingungsform; *condizionale: comprerei* (ich würde kaufen)
Konjugation	Beugung; *coniugazione: legg**o**, legg**i**, legg**e** ...* (ich lese, du liest, er liest ...)
konjugieren	abwandeln, beugen: *ved**o**, ved**i**, ved**e** ...* (ich sehe, du siehst, er sieht)
Konjunktion	Bindewort; *congiunzione: Chiede* **se** *vieni.* (Er fragt, ob du kommst.)
Konjunktiv	Möglichkeitsform; *congiuntivo: Se avessi tempo ...* (Wenn ich Zeit hätte ...)
Konsonant	Mitlaut; *consonante:* b, c, d, k, l, s, t
Maskulinum	männliche Form; *maschile: amico,* **lui** (Freund, er)
Modalverb	Zeitwort der Art und Weise; *verbo modale: dovere, volere* (müssen, wollen)
Modus/-i	Aussageweise; *modo:* **È** *ricco? Se* **fosse** *ricco ...* (Ist er reich? Wenn er reich wäre ...)
Neutrum	sächliches Geschlecht
Nominativ	1. Fall, Werfall
Objekt	Satzergänzung; *oggetto: L'uomo apre* **la porta.** (Der Mann öffnet die Tür.)
Partizip Perfekt	Mittelwort der Vergangenheit; *participio passato: mangiato* (gegessen)

Grammatische Fachausdrücke

Partizip Präsens	Mittelwort der Gegenwart; *participio presente: volante* (fliegend)
Passiv	Leideform; *passivo: La porta **viene aperta.*** (Die Tür wird geöffnet.)
Perfekt	Vorgegenwart; *passato prossimo: ho comprato* (ich kaufte/habe gekauft)
Personalpron.	persönliches Fürwort; *pronome personale: io , tu, Lei* (ich, du, Sie)
Plural	Mehrzahl; *Plural: libri* (Bücher)
Plusquamperfekt	Vorvergangenheit; *trapassato prossimo: Te l'avevo detto!* (Ich hatte es dir gesagt!)
Possessivpron.	Besitzanzeigendes Fürwort; *aggettivo e pronome possessivo: il **mio** libro, il **mio*** (mein Buch, meins)
Prädikat	Satzaussage; *predicato: Paolo **scrive** una lettera.* (Paolo schreibt einen Brief.)
Präposition	Verhältniswort; *preposizione: su, con, per* (auf, mit, für)
Präsens	Gegenwart; *presente: Leggo.* (Ich lese.)
Pronomen	Fürwort; *pronome: io, questo, il tuo* (ich, dieser, dein)
Reflexivpron.	rückbezügliches Fürwort; *pronome riflessivo: **Si** lava.* (Er wäscht sich.)
Relativpron.	bezügliches Fürwort; *pronome relativo: Il libro **che** ho comprato.* (Das Buch, das ich gekauft habe.)
Relativsatz	bezüglicher Nebensatz; *frase relativa: Dov'è il libro **che ho comprato?*** (Wo ist das Buch, das ich gekauft habe?)
Singular	Einzahl; *singolare: libro* (Buch)
Subjekt	Satzgegenstand; *soggetto: **Il bambino** gioca col gatto.* (Das Kind spielt mit der Katze.)
Substantiv	Hauptwort; *sostantivo: il **tavolo*** (der Tisch)
Superlativ	2. Steigerungsstufe; s*uperlativo: il più bello, bellissimo* (der Schönste)
Transitiv	Verb mit Akkusativergänzung; *transitivo: Bevo **una birra.*** (Ich trinke ein Bier.)
Verb	Zeitwort; *verbo: andare, venire* (gehen, kommen)
Vokal	Selbstlaut; *vocale:* a, e, i, o, u

Sachregister

A

a (Präp.) 33.2.1
accento acuto 1.4
accento grave 1.4
Adjektiv 13
Angleichung der ~e 13.3
    ~e auf -*ca* 13.1
    ~e auf -*cia* 13.1
    ~e auf -*cio* 13.1
    ~e auf -*co* 13.1
    ~e auf -*e* 13.1
    ~e auf -*ga* 13.1
    ~e auf -*gia* 13.1
    ~e auf -*gio* 13.1
    ~e auf -*go* 13.1
    ~e auf -*ista* 13.1
    ~e auf -*o* 13.1
    Formen 13.1
    Steigerung der ~e 13.5
    Stellung der ~e im Satz 13.4
    unregelmäßige ~e 13.1
    unveränderliche ~e 13.2
Adverb 14
    ~ien der Art und Weise 14
    ~ien der Menge 14
    ~ien der Zeit 14
    ~ien des Ortes 14
    Bildung der ~ien 14.1
    Funktion und Anwendung
    von ~ien 14.3
    Komparativ von ~ien 14.2
    Steigerung der ~ien 14.2
    Stellung der ~ien 14.4
    Superlativ von ~ien 14.2
    unregelmäßige Steigerung
    von ~ien 14.2
adverbiale Bestimmung, Stellung
der ~ien im Satz 35.2
Akkusativpronomen, Formen 6.2.3
    Gebrauch 6.2.4

Akzente 1.4
Alphabet, italienisches ~ 1.1
Anrede 4.3
Anredeform 6.2.2, 6.2.4
Apostroph 1.4
Artikel 4, 5
    Besonderheiten im Gebrauch des
    bestimmten ~s 4.3
    bestimmter ~ 2, 4
    bestimmter ~, Maskulinum 4.1
    bestimmter ~, Femininum 4.1
    Femininum des unbestimmten ~s 5.1
    Formen des bestimmten ~s 4.1
    Formen des unbestimmten ~s 5.1
    Gebrauch des bestimmten ~s 4.2
    Gebrauch des unbestimmten ~s 5.2
    Maskulinum des unbestimmten ~s 5.1
    Präposition und bestimmter ~ 4.4
    unbestimmter ~ 5
    Verschmelzung des bestimmten ~s
    mit der Präposition *di* 4.4
Aussagesatz 35.1
Aussprache der Konsonanten 1.3
    ~ der Vokale 1.2

B

Bedingungssätze 31
    irreale Hypothese 31.1
    mögliche Hypothese 31.1
    reale Hypothese 31.1
bello 13.1
Berufsbezeichnungen 2.1
Besitzverhältnis 8.1
buono 13.1

C

ci 6.3
ciò (dies) 7.1, 7.2

Sachregister

codesto (der da, das da) 7.1, 7.2
colui (der da) 7.2
con (Präp.) 33.2.7
condizionale composto 22
condizionale semplice 22
costui 7 1, 7.2

D

da (Präp.) 33.2.4
Dativpronomen, Formen 6.2.1
~, Gebrauch 6.2.2
Datum 4.3
Datumsangaben in Briefen 4.3
Demonstrativpronomen 7
~, Formen 7.1
~, Gebrauch 7.2
di (Präp.) 33.2.3

E

Endungen von Substantiven 2.1
entro (Präp.) 33.2.8
Erweiterung, euphonische ~ 1.4

F

fa (Präp.) 33.2.8
fra (Präp.) 33.2.9
Futur I und II 21
Bildung des ~ I 21.1
Bildung des ~ II 21.3
Gebrauch des ~ I 21.2
Gebrauch des ~ II 21.4
Hilfsverb *essere* 21.1
regelmäßige Konjugationen 21.1
Verben auf *-care* 21.1
Verben auf *-ciare* 21.1
Verben auf *-gare* 21.1
Verben auf *-giare* 21.1
zusammengezogene Formen 21.1
futuro composto 21
futuro semplice 21

G

Genus 2
~ bei Sachbezeichnungen,
Abstrakta 2.2
~ von Substantiven 2.1
geographische Bezeichnungen 4.3
Gerundium 26, 6.5
Bildung des *gerundio composto* 26.3
Bildung des *gerundio semplice* 26.1
einfaches ~ (*gerundio semplice*) 26.1
Gebrauch des *gerundio composto* 26.4
Gebrauch des *gerundio semplice* 26.2
zusammengesetztes ~ (*gerundio composto*) 26.1
Geschlecht (Genus) 2
grammatisches ~ 2.2
natürliches ~ 2
grande 13.1
Großschreibung 1.4
Grundzahlen 12.1, 12.2

H

historisches Perfekt (*passato remoto*) 19
Bildung des ~s 19.1
Gebrauch des ~s 19.2
Hilfsverben *essere* und *avere* 19.1
regelmäßige Konjugationen 19.1
unregelmäßige Konjugationen 19.1

I

Imperativ 24, 6.5
Bildung des ~s 24.1
Ersatz durch Infinitiv 24.2
Gebrauch des ~s 24.2
Höflichkeitsform 6.5
regelmäßige Verben 24.1
Verben auf *-care* 24.1
Verben auf *-gare* 24.1
verkürzte Form der 2. Person
Singular 24.1

Sachregister

verneinter ~ 6.5
verneinter ~ 24.1

Imperfekt 17
Bildung des ~s 17.1
Gebrauch des ~s 17.2
Hilfsverben *essere* und *avere* 17.1
regelmäßige Verben 17.1
in (Präp.) 33.2.2

Indefinitpronomen 9
adjektivisch und pronominal
gebrauchte ~ 9.1
adjektivischer Gebrauch 9, 9.1
Formen 9.1
Gebrauch 9.2
pronominaler Gebrauch 9, 9.1

Indirekte Rede 32
Bedingungssätze 32.3
Einführungssatz Gegenwart 32.1
Einführungssatz unmittelbare
Vergangenheit 32.1
Einführungssatz Vergangenheit 32.2
Einführungssatz Zukunft 32.1
Indirekte Frage 32.4
Orts- und Zeitangaben 32.5
questo und *venire* 32.5

Infinitiv 25
~ Präsens als verneinter Imperativ 25.2
Anschluss des ~s ohne
Präposition 25.5
Anschluss mit der Präposition *a* 25.5
Anschluss mit der Präposition *da*
25.5
Anschluss mit der Präposition *di* 25.5
Besonderheiten 25.5
Bildung des ~ Perfekt 25.3
Bildung des ~ Präsens 25.1
Formen des ~s 25
Gebrauch des ~ Perfekt 25.4
Gebrauch des ~ Präsens 25.2
Verkürzung eines Relativ-
satzes 25.2
Verwendung als Substantiv 25.2

infinito sostantivato 25.2

Interrogativpronomen 10
Formen 10.1
Gebrauch 10.2

K

Kleinschreibung 1.4
Komma 1.4
Komparativ 13.5

Konditional I 22
~ in Bedingungssätzen 31
~ in der indirekten Rede 32
Bildung des ~s 22.1
Gebrauch des ~s 22.2
Hilfsverb *essere* 22.1
regelmäßige Konjugationen 22.1
Verben auf *-care* und *-gare* 22.1
Verben auf *-ciare* und *-giare* 22.1
zusammengezogene Formen 22.1

Konditional II 22
~ in Bedingungssätzen 31
~ in der indirekten Rede 32
Bildung des ~ 22.3
Gebrauch des ~ 22.4

Konjunktion 34
beiordnende ~en 34, 34.1
finale ~ 34.2
kausale ~ 34.2
konditionale ~ 34.2
konsekutive ~ 34.2
konzessive ~ 34.2
modale ~ 34.2
temporale ~ 34.2
unterordnende ~ 34, 34.2

Konjunktiv 23
~ Imperfekt 23.1
~ in Hauptsätzen 23.2
~ in Nebensätzen 23.2
~ Perfekt 23.1
~ Plusquamperfekt 23.1
~ Präsens 23.1

Sachregister

Bildung des ~s 23
Gebrauch des ~s 23.2
Hilfsverb *avere* 23.1
Hilfsverb *essere* 23.1
Verben auf *-care* 23.1
Verben auf *-gare* 23.1
Zeitenfolge in konjunktivischen
Nebensätzen 23.3
Zeitformen des ~s 23
Kontinente 2.2.2, 4.3

L
Länder 2.2.2, 4.3
loro (ihre) 8.1

M
man 30.1, 30.2
mano, la (die Hand) 2.1
medesimo (derselbe) 7.1, 7.2
mio (mein) 8.1
Modus 15.4
Monatsdatum 12.1
Monatsnamen 2.2.1, 4.3

N
ne 6.3
Neutrum 2
no, Gebrauch von ~ 36.2
non, Gebrauch von ~ 36.1
nostro (unser) 8.1

O
Objekt 35.1
Objektpronomen 6
betonte ~ 6.6
betonte Reflexivform 6.6.2
Formen 6.6.1
Gebrauch 6.6.2
unbetonte ~ 6.2

Objektstellung (indirektes Objekt),
abweichende ~ 35.1
Ordnungszahlen 12.3, 12.4
Ortsbestimmung 35.2

P
Partizip 27
absolutes ~ 6.5
Bildung des ~ Perfekt 18.1, 27.3
Bildung des ~ Präsens 27.1
Gebrauch des ~ Perfekt 27.4
Gebrauch des ~ Präsens 27.2
Passiv 29
~ bei einfachen Zeiten 29.1
~ bei zusammengesetzten
Zeiten 29.1
Besonderheiten 29.1
Bildung des ~s 29.1
Gebrauch des ~s 29.2
Objektpronomen in ~sätzen 29.1
Partizip Perfekt in ~sätzen 29.1
unpersönliche Form *si*
(si passivante) 29.1
per (Präp.) 33.2.5
Perfekt 18
~ der intransitiven Verben 18.1
~ der transitiven Verben 18.1
Bildung des ~s 18.1
Gebrauch des ~s 18.2
Hilfsverb *avere* 18.1
Hilfsverb *essere* 18.1
regelmäßige Verben 18.1
Personalpronomen 6
betonte Formen 6
Kombination unbetonter ~ 6.4
Stellung unbetonter ~ im Satz 6.5
unbetonte ~ 6.5
unbetonte Formen 6
Personenbezeichnungen 2.1
Plural 3
~ der Substantive auf *-a* 3.2

157

Sachregister

~ der Substantive auf -*o* 3.1
~ der zusammengesetzten
Substantive 3.6
Pluralbildung, unregelmäßige ~ 3.5
Besonderheiten in der ~ 3.5
Plusquamperfekt *(trapassato*
prossimo e remoto) **20**
Possessivpronomen 8
Besonderheiten 8.2
Endung des ~ s 8.2
essere + ~ 8.2
Formen 8.1
Gebrauch 8.2
nachgestelltes ~ 8.2
Prädikat 35.1
Präposition 33
Gebrauch der ~en 33.2
Verschmelzung mit dem
bestimmten Artikel 4.4, 33
Präsens 16
Bildung des ~ 16.1
Gebrauch des ~ 16.2
Hilfsverben *essere* und *avere* 16.1
Konjugation der Verben 16.1
regelmäßige Verben 16.1
Verben auf -*care* 16.1
Verben auf -*cere* 16.1
Verben auf -*gare* 16.1
Verben auf -*gere* 16.1
Verben auf -*giare* 16.1
Verben auf -*iare* 16.1
Verben auf -*ire* mit Stamm-
erweiterung durch -*isc* 16.1
Verben auf -*urre* 16.1
Pronominaladverbien (*ci* und *ne*) 6.3
Stellung der ~ im Satz 6.5

Q

quello (jener) 7.1, 7.2
questo (dieser) 7.1, 7.2

R

Rechtschreibung 1.4
Reflexive Verben 28
Bildung der ~ 28.1
Gebrauch der ~ 28.3
Veränderlichkeit des Partizips 28.2
zusammengesetzte Zeiten 28.1
Reflexivpronomen, Formen 6.2.5
Regionen 2.2.2, 4,3
Relativpronomen 11
Formen 11.1
Gebrauch 11.2
unveränderliche ~ 11.1
veränderliche ~ 11.1

S

Sachbezeichnungen 2.2
Satzglieder 35.1
Reihenfolge der einzelnen ~ 35.1
Satzteile und ihre Stellung
im Satz 35
si 29.1, 30.1
Silbentrennung 1.4
Städte 2.2.2
Stellung der Satzglieder im
Fragesatz 35.3
stesso (derselbe) 7.1, 7.2
su (Präp.) 33.2.6
Subjekt 35.1
Subjektpronomen 6
Formen 6.1.1
Gebrauch 6.1.2
Höflichkeitsformen 6.1.2
Subjektstellung, abweichende ~ 35.1
Substantive
~ mit zwei Pluralformen 3.5
~ auf -*a* 2.1
~ auf -*ca* 3.2
~ auf -*cia* 3.2
~ auf -*co* 3.1
~ auf -*e* 2.1

158

Sachregister

~ auf -*ga* 3.2
~ auf -*gia* 3.2
~ auf -*go* 3.1
~ auf -*i* 2.1
~ auf -*io* 3.1
~ auf -*logo* 3.1
~ auf -*o* 2.1
feminine ~e 2.2.2
maskuline ~e 2.2.1
Plural der ~e auf -e 3.3
unveränderliche ~e 3.4
suo (sein) 8.1
Superlativ 13.5
absoluter ~ 13.5
relativer ~ 13.5

T

Teilungsartikel 5.3
Bildung des ~s 5.3
Tierbezeichnungen 2.1
Titel 4.3
tra (Präp.) 33.2.9
trapassato prossimo 20
Bildung des ~ 20.1
Gebrauch des ~ 20.2
trapassato remoto 20
Bildung des ~ 20.3
Gebrauch des ~ 20.4
troncamento 1.4
tuo (dein) 8.1

U

Uhrzeit 12.2, 4.3
unbestimmter Artikel 5
Femininum des ~ s 5.1
Formen des ~ s 5.1
Gebrauch des ~ s 5.2
Maskulinum des ~ s 5.1
Unpersönliche Ausdrücke 30.3
Unpersönliche Form *si* 30.1
Unpersönliche Verben 30, 30.3

V

Verbarten 15.1
Verben 15
~ auf -*are* (1. Konjugation) 15.2
~ auf -*ere* (2. Konjugation) 15.2
~ auf -*ire* (3. Konjugation) 15.2
~ mit Akkusativ 6.6.2
~ mit Dativ 6.6.2
~ mit Stammerweiterung -*isc* 15.2
Hilfs~ *essere* und *avere* 15.1
intransitive ~ 15.1
Konjugation 15.2
Modal~ 15.1
Modi der ~ 15.4
reflexive ~ 15.1
transitive ~ 15.1
unpersönliche ~ 15.1
Zeitformen der ~ 15.3
Zustandsformen (aktiv - passiv)
der ~ 15.5
Verbstamm 15.2
Vergleichspartikel *di* 13.5
Verneinung 36
Besonderheiten 36.4
mehrteilige ~ 36.3
vostro (euer) 8.1

W

Wochentage 2.2.1
Wochentage 4.3

Z

Zahlen 12
Zahlwörter 12
Grundzahlen 12.1, 12.2
Ordnungszahlen 12.3, 12.4
weitere ~ 12.5
Zeichensetzung 1.4
Zeitbestimmung 35.2
Zeitdauer 12.2

159